BEI GRIN MACHT SICH WISSEN BEZAHLT

- Wir veröffentlichen Ihre Hausarbeit,
  Bachelor- und Masterarbeit

- Ihr eigenes eBook und Buch -
  weltweit in allen wichtigen Shops

- Verdienen Sie an jedem Verkauf

Jetzt bei www.GRIN.com hochladen
und kostenlos publizieren

Bibliografische Information der Deutschen Nationalbibliothek:

Die Deutsche Bibliothek verzeichnet diese Publikation in der Deutschen National-
bibliografie; detaillierte bibliografische Daten sind im Internet über http://dnb.d-
nb.de/ abrufbar.

Coverbild: Sergey Nivens @Shutterstock.com

Impressum:

Copyright © 2013 GRIN Verlag, Open Publishing GmbH
Druck und Bindung: Books on Demand GmbH, Norderstedt Germany
ISBN: 978-3-656-58521-3

Dieses Buch bei GRIN:

http://www.grin.com/de/e-book/267233/die-bewertung-von-start-ups-bewertungs-
verfahren-und-die-bestimmung-des

Elke Linnenschmidt

Die Bewertung von Start-Ups. Bewertungsverfahren und die Bestimmung des Diskontierungszinssatzes

GRIN Verlag

Masterarbeit
zur Erlangung des Grades eines Master of Science
über das Thema

**Die Bewertung von Start-Ups unter besonderer
Berücksichtigung der Bestimmung des
Diskontierungszinssatzes**

eingereicht an
der Universität Hohenheim
Institut für Financial Management
Lehrstuhl für Rechnungswesen und Finanzierung

von
Elke Linnenschmidt

am
24. Juli 2013

Inhaltsverzeichnis

Abbildungsverzeichnis

Abkürzungsverzeichnis

APV	Adjusted Present Value
CAPM	Capital Asset Pricing Model
CDAX	Composite DAX
CEFS	Center für Entrepreneurial and Financial Studies
DCF	Discounted Cashflow
EZB	Europäische Zentralbank
F&E	Forschung und Entwicklung
GuV	Gewinn und Verlust
i.d.R.	In der Regel
IDW	Institut der Wirtschaftsprüfer in Deutschland e.V
IDW S 1	IDW Standard: Grundsätze zur Durchführung von Unternehmensbewertungen
M&A	Mergers and Acquisitions

MSCI   Morgan Stanley Capital International

Start-Ups   Start-Up Unternehmen

WACC   Weighted Average Cost of Capital

1. Problemstellung

Die Unternehmensbewertung gehört zu den wohl spannendsten Disziplinen der Betriebswirtschaftslehre. Durch das in den letzten Jahren deutlich zunehmende Aufkommen von Start-Up Unternehmen (Start-Ups) und dem damit verbundenen Finanzierungsbedarf steigt die Notwendigkeit, diese Unternehmen zu bewerten. Die Bewertung von Start-Ups resultiert vor allem aus dem Interesse des/der Gründer/s eines Unternehmens oder externer Investoren und Fremdkapitalgeber.[1] Die Bewertung von Start-Ups ist von enormer Wichtigkeit, wenn sie von externen Kapitalgebern im Tausch gegen Unternehmensanteile finanziert, verkauft oder an der Börse notiert werden.[2] Die langfristige Etablierung von Start-Ups ist für die Wirtschaft von großer Bedeutung, da davon das Beschäftigungswachstum, der Wettbewerb, die Innovationen und Exportmöglichkeiten abhängig sind.[3] Der für Start–Ups gerade in der Anfangsphase notwendige Kapitalbedarf hängt von der Bereitschaft der Kapitalgeber ab, die zu einem großen Teil in Abhängigkeit zu den Ergebnissen der Unternehmensbewertung steht. Da Finanzintermediäre, seien es Familie, Freunde oder Venture Capitalists, ein enormes Risiko mit der finanziellen Unterstützung eines Start-Ups eingehen, ist die Berücksichtigung dieses Risikos innerhalb der Unternehmensbewertung bei der Bestimmung des Diskontierungszinssatzes mit einzubeziehen. Das Risiko bemisst sich am Erfolg oder Misserfolg des Start-Ups im Zeitablauf. Der Verlauf der Entwicklungsphasen eines Start-Ups ist jedoch schwer prognostizierbar.

Gegenstand der vorliegenden Arbeit ist die Bewertung von Start-Ups unter besonderer Berücksichtigung der Bestimmung des Diskontierungszinssatzes. Die ohnehin schon anspruchsvolle Bewertung etablierter Unternehmen wird bei der Bewertung von Start-Ups aufgrund ihrer besonderen Merkmale nochmals erschwert. Die bei der Bewertung etablierter Unternehmen bereits bestehende Problematik der Prognose von Zukunftsgrößen wird bei der Bewertung von Start-Ups zusätzlich durch das Problem der Einschätzung über die hohen Risiken, die ein Start-Up naturgemäß mit

---

[1] Vgl. Rudolf/Witt (2002), S. 26.
[2] Vgl. Hering/Olbrich/Steinrücke (2006), S. 406.
[3] Vgl. Cassar (2004), S. 263.

sich bringt, kompliziert. Für Investoren, denen es nur um finanzielle Erträge geht, spiegelt der Gegenwartswert zukünftiger Erfolgsgrößen den Wert eines Investments wider. Dabei ist eine Unternehmensbewertung vom Zeitbezug und Risikograd der zukünftigen Erfolgsgrößen abhängig.[4]

Die Verwendung klassischer Verfahren zur Bewertung von Start-Ups ist problematisch, da beispielsweise die Prämisse des Going Concern Prinzips häufig nicht realisiert werden kann und i.d.R. keine, oder wenn nur sehr wenige Vergangenheitswerte der Unternehmen vorliegen.[5] Dies erfordert zunächst eine Identifikation der Unternehmen, die Start-Ups darstellen, auf welche Weise diese finanziert werden können und wann eine Bewertung notwendig ist. Aufgrund der sich daraus ergebenden Bewertungsproblematik ist der Einsatz vorhandener klassischer Bewertungsverfahren für die Bewertung von Start-Ups hinsichtlich ihrer Eignung zu untersuchen. Welche Kriterien sprechen dabei für oder gegen die Verwendung der einen oder anderen nachstehend beschriebenen Methoden, sind gegebenenfalls Modifizierungen möglich oder existieren alternative Bewertungsansätze und wie geeignet sind diese? Innerhalb der Unternehmensbewertung erhält die Bestimmung des Diskontierungszinssatzes eine besondere Bedeutung, da dessen Höhe einen enormen Einfluss auf den Unternehmenswert hat. Je nach Art des Bewertungsverfahrens wird der Diskontierungszinssatz auf unterschiedliche Weise bestimmt. Deshalb sind zunächst dessen grundsätzliche Zusammensetzung und Besonderheiten innerhalb der Start-Up Bewertung zu untersuchen.

---

[4] Vgl. Kiholm Smith/Smith/Bliss (2011), S. 347 f.
[5] Vgl. Audretsch/Link (2012), S. 140.

2. Abgrenzung von Start-Ups

2.1 Merkmale von Start-Ups

Start-Ups stellen zunächst kleine, nicht börsennotierte Unternehmen dar.[6] Häufig kommen sie in zukunftsweisenden Wachstumsbranchen, wie z.b. der Telekommunikation-, Informationstechnologie-, Medien- und Entertainmentindustrie oder Bereichen, wie der Bio- oder Nanotechnologie, vor.[7] Start-Ups weisen eine kurze rechtliche sowie wirtschaftliche Existenz auf[8] und befinden sich in der Entstehungsphase. Insgesamt grenzen sich Start-Ups von bereits etablierten Unternehmen ab.[9] Sie gehören laut Szyperski/Nathusius zu der selbstständig-originären Unternehmensgründungsform, wonach eine selbstständige Gründung eines völlig neuen, bisher noch nicht existierenden und damit unabhängigem Systems stattfindet. Sofern ein Abhängigkeitsverhältnis vorliegt, wie es z.B. bei einer Unternehmensübernahme der Fall ist, handelt es sich um eine selbstständig-derivative Gründung. Weiter lässt sich zwischen unselbstständig derivativen oder originären Gründungen unterscheiden.[10] Da es sich bei der Bewertung von Start-Ups um den selbstständigen Beginn einer Existenz handelt, wird im Folgenden nur die selbstständige-originäre Gründung betrachtet. Start-Up Gründer stellen in der Regel simultan die Unternehmenseigentümer sowie die Unternehmensführer dar.[11] Dabei erfolgen Unternehmensgründungen meist aus einem Kreis mehrerer Personen. Das sich daraus ergebende komprimierte Know-how reduziert das Risiko von Fehlentscheidungen.[12] Dennoch überleben eine Vielzahl der Start-Up Gründungen nicht.[13]

---

[6] Vgl. Spivey/McMillan (2002), S. 24.
[7] Vgl. Achleitner/Nathusius (2003), S. 4.
[8] Vgl. Hayn (2003), S. 15.
[9] Vgl. Walter (2003), S. 15.
[10] Vgl. Szyperski/Nathusius (1999), S. 27.
[11] Vgl. Walter (2003), S. 16.
[12] Vgl. Schumpeter (1912), S. 177.
[13] Vgl. Damodaran (2010), S. 215.

Start-Ups weisen in der Regel knappe personelle und finanzielle Ressourcen auf[14] und halten nur wenige Produkte, teilweise sogar nur eines, in ihrem Sortiment.[15] Charakterisiert werden Start-Ups durch die Attribute jung, dynamisch und über-proportional wachsend. Ein Start-Up hat zuvor noch nicht am Wirtschafts- und Warenverkehr teilgenommen und ist hohen Markteintrittsbarrieren ausgesetzt. Gefestigte Beziehungen zwischen dem Unternehmen zu Kunden und Lieferanten bestehen noch nicht.[16] Vielmehr gilt es, diese auszuweiten und zu festigen. Dane-ben müssen interne Prozesse, Unternehmens- und Organisationstrukturen geschaf-fen werden.[17] Ihre Dynamik besteht in einer aktiven Entwicklung innovativer Lö-sungen und einer kontinuierlichen Anpassung der Produkte, die aus Kundensicht eine Verbesserung zu bisher erhältlichen Produkten darstellen.[18] Start-Ups haben das Potenzial, eine Vielzahl von Arbeitsplätzen zu schaffen, Innovationen zu etab-lieren und das Wirtschaftswachstum positiv zu beeinflussen.[19] Infolge der genann-ten Eigenschaften weisen Start-Ups einen hohen Bestand an immateriellen Ver-mögensgegenständen auf, wie z.B. Wissenskapital oder Forschungs- und Ent-wicklungsaufwendungen.[20] Die zwingend benötigten Forschungs- und Entwick-lungstätigkeiten erfordern einen hohen Kapitalbedarf.[21] Da Start-Ups sich in der Entstehungsphase befinden, ist unter dem Attribut „überproportional wachsend" das mögliche Potential für zukünftiges überproportionales Wachstum zu verste-hen.[22] Es kann einerseits zur erfolgreichen Etablierung eines Unternehmens oder andererseits wegen Misserfolges zur vorzeitigen Auflösung eines Unternehmens kommen.[23] Ab wann von einem überproportionalen Wachstum gesprochen wer-den kann, wird von vielen Autoren unterschiedlich definiert. Insgesamt liegen diese Wachstumsraten jedoch weit über denen, die von etablierten Unternehmen

---

[14] Vgl. Hering/Vincenti (2005), S. 6.
[15] Vgl. Szyperski/Nathusius (1999), S. 31.
[16] Vgl. Hayn (2003), S. 16.
[17] Vgl. Hayn (2003), S. 17.
[18] Vgl. Hayn (2003), S. 19.
[19] Vgl. Damodaran (2010), S. 214.
[20] Vgl. Gavious/Schwartz (2008), S. 1.
[21] Vgl. Schwetzler (2005), S. 155.
[22] Vgl. Lerm (2013), S. 873.
[23] Vgl. Hayn (2003), S. 23.

erreicht werden können.[24] Start-Ups weisen neben ihrem großen Entwicklungspotenzial ein sehr hohes Unternehmensrisiko auf.[25]

Der Entwicklungsprozess von einem Start-Up zu einem etablierten Unternehmen lässt sich nicht eindeutig abgrenzen. Der Entwicklungsprozess kann abhängig von der Finanzierungssituation in drei Phasen unterteilt werden.[26] Die erste Phase ist die Early Stage, die sich in die Seed- und Start-Up-Phase untergliedert und insgesamt die Vorgründungs- und Gründerphase umfasst. Gefolgt wird diese Phase von der Expansion Stage, die den erstmaligen Produktionsbeginn und die Markteinführung der Produkte umfasst. Der Entwicklungsprozess wird durch die Late Stage abgeschlossen. Die Finanzierungsquellen erstrecken sich im Zeitablauf von eigenen und öffentlichen Mitteln über Venture Capital und Fremdkapital hin bis letztendlich zur Finanzierung über den organisierten Kapitalmarkt. Start-Ups befinden sich entweder noch in der Early Stage oder am Anfang der Expansion Stage.[27] In der frühen Lebenszyklusphase stellen Wachstumskomponenten einen relativ großen Anteil des Unternehmenswertes dar. Vorhandene materielle Vermögenswerte sind dagegen in der frühen Lebenszyklusphase weniger bewertungsrelevant, da sie momentan noch einen relativ kleinen Anteil am Unternehmenswert ausmachen. Allerdings wird erwartet, dass diese beiden bewertungsrelevanten Komponenten sich unterschiedlich in den verschiedenen Entwicklungsphasen eines Start-Ups ausbilden.[28]

Ein sich noch in der Start-Up Phase und damit noch in der Planung befindender Gründer wird als Entrepreneur bezeichnet. Sobald er sich im Unternehmensaufbau befindet, spricht man von einem Jungunternehmer. In der Regel stellen Entrepreneur und Jungunternehmer die gleiche Person oder den gleichen Personenkreis nur zu einem unterschiedlichen Zeitpunkt dar.[29] Szyperski/Nathusius definieren den wirtschaftlich relevanten Gründungszeitpunkt durch den „point of no return",

---

[24] Vgl. Behringer (2004), S. 226.
[25] Vgl. Achleitner/Nathusius (2004), S. 8.
[26] Vgl. Hayn (2003), S. 16.
[27] Vgl. Hayn (2003), S. 17.
[28] Vgl. Black (2003), S. 48.
[29] Vgl. Lerm (2013), S. 875.

da dieser eine Abgrenzung der Planungsphase, der Unternehmensgründung und der Produktionsphase ermöglicht.[30]

Für den Begriff eines Start-Ups bestehen mehrere Synonyme, wie Gründungsunternehmen, junge und innovative Unternehmen, dynamische oder stark wachsende Unternehmen. In der Literatur herrscht keine eindeutige Definition über den Begriff von Start-Ups. Jedoch ergibt sich aus der Vielzahl der Definitionen ein Konsens bezüglich der Orientierung von Start-Ups an Forschungs- und Entwicklungs- sowie an Innovationstätigkeiten.[31] Unter Start-Ups werden in der Regel neu gegründete Unternehmen zur Verwirklichung einer innovativen Geschäftsidee verstanden.[32] Sie agieren auf imperfekten Märkten, sind gewöhnlich einzigartig und die Vorhersage ihrer zukünftigen Erträge ist ziemlich schwierig.[33] Die wirtschaftliche Gewinnung von Innovationen dient als treibende Kraft der Marktwirtschaft.[34]

2.2 Bewertungsprobleme bei Start-Ups

Etablierte börsennotierte Unternehmen können anhand mehrerer Faktoren wie dem aktuellen Börsenkurs, dem Risikograd verbunden mit der Investition in ein Unternehmen und der erwarteten Wachstumsrate bewertet werden. Investoren können sich anhand vorliegender relevanter Informationen ein Bild über die Vermögens-, Finanz- und Ertragslage eines Unternehmens machen.[35] Die Vorhersage zukünftiger Erträge etablierter Unternehmen ist schwierig genug und wird aufgrund der fehlenden Historie bei Start-Ups noch anspruchsvoller.[36] Die Bewertung des Risikos im Zuge der Unternehmensbewertung bemisst sich nach dem traditionellen Ansatz des Risiko-Rendite Modells an vergangenen Marktpreisen der von Unternehmen ausgegebenen Wertpapiere. Die damit verbundene Bestim-

[30] Vgl. Szyperski/Nathusius (1999), S. 33.
[31] Vgl. Fischer (2004), S. 8.
[32] Vgl. Lerm (2013), S. 873.
[33] Vgl. Brösel/Matschke/Olbrich (2012), S. 239.
[34] Vgl. Tykvová (2007), S. 65.
[35] Vgl. Spivey/McMillan (2002), S. 25.
[36] Vgl. Brösel/Matschke/Olbrich (2012), S. 241.

mung des Diskontierungszinssatzes ist bei Start-Ups aufgrund der fehlenden Börsenvermarktung und der fehlenden Vergangenheitswerte problematisch.[37]

Vergangene Daten aus Bilanz und GuV liegen bei Start-Ups meistens nicht oder kaum vor. Im Fall der Existenz solcher Daten sind diese lediglich für einen relativ kurzen Zeitraum vorhanden und weisen gewöhnlich Verluste aus.[38] Dazu halten Start-Ups vorwiegend immaterielle Vermögenswerte.[39] Einerseits sind somit keine Daten vorhanden, die eine für die Unternehmensbewertung relevante und objektive Prognose für die Zukunft erlauben. Andererseits führen fehlende Sicherheiten in Form von materiellen Vermögenswerten zu einer geringen Kreditwürdigkeit von Start-Ups. Deshalb sind Start-Ups angewiesen auf externe Eigenkapitalgeber in Form von Business Angels oder Venture Capital Gesellschaften.[40] Fehlende bewertungsrelevante Unternehmensdaten der Vergangenheit könnten durch die schwierige Bewertung des Start-Ups zum Ausbleiben notwendiger Investitionen[41] oder zu einem geringen Unternehmenswert führen, wodurch die Gegenleistung für den gewünschten Kapitalbetrag steigt.[42] Zudem erschweren die bestehenden Informationsasymmetrien zwischen den Parteien der Unternehmensgründer und der Finanziers die Bewertung von Start-Ups.[43]

Das hohe Risiko der zukünftigen Entwicklung von Start-Ups steigt wie auch bei der Bewertung etablierter Unternehmen mit zunehmendem Abstand zum Bewertungsstichtag. Diese Unsicherheit ist für Start-Ups noch höher einzuschätzen, da neben dem erwünschten überproportionalen Wachstum auch stagnierendes, zurückgehendes Wachstum oder auch das ganzheitliche Ausscheiden des Unternehmens berücksichtigt werden muss.[44] Im Zeitablauf besteht die Gefahr neu eintretender Wettbewerber, die Substitute anbieten könnten.[45] Bei überproportionalem Wachstums resultiert ein erheblicher Kapitalbedarf für erforderliche Erweite-

---

[37] Vgl. Damodaran (2010), S. 218.
[38] Vgl. Brösel/Matschke/Olbrich (2012), S. 241.
[39] Vgl. Hendel (2003), S. 27.
[40] Vgl. Rudolf/Witt (2002), S. 26.
[41] Vgl. Spivey/McMillan (2002), S. 25.
[42] Vgl. Norton (1996), S. 28.
[43] Vgl. Hendel (2003), S. 13.
[44] Vgl. Hayn (2003), S. 28.
[45] Vgl. Hering/Olbrich/Steinrücke (2006), S. 414.

rungsinvestitionen und es besteht Ungewissheit über die zukünftige Erfolgsent-
wicklung.[46] Um die im Zeitablauf rasch höher werdenden finanziellen Belastun-
gen tragen zu können, müssen die Gründer von Start-Ups auf Eigen- und Fremdkapitalgeber zurückgreifen. Infolge der Kapitalüberlassung stehen den Kapitalgebern vertraglich abgesicherte Rechte zu.[47] Venture Capitalists werden in Form der
Überlassung von Eigentümeranteilen zu einer speziellen Eigenkapitalquelle.[48]
Insgesamt halten Start-Ups Eigenkapital, das aus verschiedenen Quellen zu unterschiedlichen Zeiten sowie zu unterschiedlichen Bedingungen zur Verfügung ge-
stellt wird. Abhängig von diesen Faktoren ist jede Eigenkapitalquelle mit individuellen risikoabhängigen Eigenkapitalkosten verbunden.[49] Der somit mögliche
Einfluss der Kapitalgeber erschwert die Unternehmensbewertung, muss aber dennoch berücksichtigt werden.[50] Neben der Unsicherheit der Entwicklung des Unternehmens und der Finanzierbarkeit der Vorhaben sind Entscheidungen des Managements gerade in der Early Stage von besonderer Tragweite. Für zukünftige
Entscheidungen besteht ein erheblicher Freiraum, da diese von künftig eintretenden und damit in der Gegenwart noch unsicheren Umweltzuständen abhängig
sind.[51]

Die Einzigartigkeit von Start-Ups ist einerseits ein wichtiger Erfolgsfaktor, ande-
rerseits erschwert sie die Unternehmensbewertung, da Vergleichsunternehmen zur
Stärken-Schwächen-Analyse im Wettbewerbsumfeld fehlen.[52] Der Erfolg eines
Start-Ups ist zu einem großen Teil von seinen Gründern, insbesondere von deren
Know-how und Netzwerk abhängig.[53] Jedoch unterliegen Start-Ups hohen Ab-
hängigkeiten zu ihren Anspruchsgruppen, wie z.B. den Kunden, Mitarbeitern,
Zulieferern oder auch Kapitalgebern. So ist ein Start-Up abhängig von den Ab-
nehmern und ihrer Preisbereitschaft, dem Nachfragepotenzial, von der Arbeitsleis-
tung der Mitarbeiter, die bspw. die Fertigungsmengen beeinflussen und von den

---

[46] Vgl. Hayn (2003), S. 30.
[47] Vgl. Lerm (2013), S. 876.
[48] Vgl. Damodaran (2010), S. 215.
[49] Vgl. Damodaran (2010), S. 218.
[50] Vgl. Lerm (2013), S. 877.
[51] Vgl. Schwetzler (2005), S. 156.
[52] Vgl. Brösel/Matschke/Olbrich (2012), S. 241.
[53] Vgl. Brösel/Matschke/Olbrich (2012), S. 241.

Lieferkonditionen, wie Menge, Preis- oder Zahlungsbedingungen.[54] In der Entstehungsphase sind Start-Ups in erster Linie von der Kapitalbereitstellung abhängig.

Die Bewertung von Start-Ups gestaltet sich zum einen wegen der fehlenden Unternehmenshistorie, zum anderen wegen der zu berücksichtigenden immensen Zukunftschancen und Zukunftsrisiken schwierig.[55] Zudem sind zukünftige Cashflows volatil und damit schwer zu prognostizieren. Außerdem ist die Bestimmung des Diskontierungszinssatzes für die Bewertung von Start-Ups sehr anspruchsvoll.[56] Die Anspruchsgruppen von Start-Ups haben einen wesentlichen Einfluss auf deren Wertsteigerungspotenzial und sind deshalb mit in die Unternehmensbewertung einzubeziehen.[57] Traditionelle Bewertungsverfahren können diese Faktoren nur unzureichend abbilden.[58] Die zumeist langen Entwicklungszeiten, die hohe Erfolgsunsicherheit und die Gefahr von Substitutionsgütern erschweren die Bewertung von Start-Ups.[59]

2.3 Anlässe zur Bewertung von Start-Ups

In den Lebenszyklusphasen eines Start-Ups gibt es immer wieder Anlässe, die eine Unternehmensbewertung notwendig machen. Zunächst ist seitens des Entrepreneurs zu prüfen, ob sein Gründungsvorhaben überhaupt vorteilhaft ist.[60] Da Start-Ups in der Regel einen hohen Kapitalbedarf aufweisen,[61] ist dann zu prüfen, ob die angenommene Unternehmensentwicklung finanzierbar ist.[62] Um externe Kapitalgeber zu finden, die im Gegenzug zu einer Investitionsauszahlung Anteile am Unternehmen bekommen, ist eine Unternehmensbewertung notwendig, um für beide Parteien einen fairen Preis bestimmen zu können.[63] Ziel der Unternehmens-

---

[54] Vgl. Lerm (2013), S. 877.
[55] Vgl. Behringer (2004), S. 227.
[56] Vgl. Kiholm Smith/Smith/Bliss (2011), S. 342.
[57] Vgl. Lerm (2013), S. 877.
[58] Vgl. Behringer (2004), S. 227.
[59] Vgl. Girkinger/Purtscher (2006), S. 142.
[60] Vgl. Lerm (2013), S. 878.
[61] Vgl. Schwetzler (2005), S. 155.
[62] Vgl. Baldeweg (2006), S. 53.
[63] Vgl. Rudolf/Witt (2002), S. 25.

bewertung ist hier die Ermittlung eines Grenzpreises, der eine Grundlage für die Preisverhandlung schafft und die Ermittlung einer Gegenleistung, die für das eingebrachte Kapital dient.[64] Dabei sind Start-Up Gründer an der Berechnung eines hohen Unternehmenswertes interessiert, um wenige Unternehmensanteile abgeben zu müssen. Risikokapitalgeber versuchen dagegen den Unternehmenswert möglichst niedrig anzusetzen, um viele Unternehmensanteile zu erlangen.[65]

Eine Unternehmensbewertung ist demnach durchzuführen, sobald sich ein Investor finanziell an einem Start-Up beteiligt oder sobald ein neuer Gesellschafter ausscheidet oder eintritt.[66] Die Bewertung eines Start-Ups kann daher aus Interesse der/des Gründer/s oder der Mitarbeiter des Unternehmens oder auch externer Investoren und Fremdkapitalgeber resultieren.[67] Der Unternehmenswert spielt eine bedeutende Rolle für eben genannte Personen wie auch für sonstige diverse Beteiligungsinteressenten. Hauptaugenmerk liegt auf dem Tauschverhältnis von Kapitalbereitstellung und Anteilabgabe am Start-Up.[68] Das Eigeninteresse der/des Gründer/s am Wert seines/ihres Unternehmens bleibt im Zeitablauf bestehen. Schließlich möchte er/sie wissen, ob sich ihr Vermögen vergrößert hat. In der Wachstumsphase kann ein Börsengang oder eine Kapitalerhöhung Grund für eine Unternehmensbewertung sein.[69]

In der Literatur existiert eine Vielzahl von Klassifizierungsansätzen für Unternehmensbewertungen.[70] Allerding ist solch eine Systematisierung unwichtig. Allein der Zusammenhang zwischen Bewertungsanlass und seinen möglichen Auswirkungen auf den Bewertungszweck und damit auf das Unternehmensbewertungsverfahren ist von Bedeutung.[71] Laut den Grundsätzen zur Durchführung von Unternehmensbewertungen (IDW S 1 2008) lassen sich Anlässe zu Unternehmensbewertungen in solche aus unternehmerischen Initiativen klassifizieren, wie

---

[64] Vgl. Engel (2003), S. 243.
[65] Vgl. Girkinger/Purtscher (2006), S. 138.
[66] Vgl. Rieg (2004), S. 52.
[67] Vgl. Rudolf/Witt (2002), S. 26.
[68] Vgl. Girkinger/Purtscher (2006), S. 138.
[69] Vgl. Rieg (2004), S. 53.
[70] Vgl. Peemöller (2009), S. 19.
[71] Vgl. Peemöller (2009), S. 27.

z.B. Unternehmenskauf/-verkauf, Fusionen, Eigen-/Fremdkapitalzuführung, Sacheinlagen, Börsengang, Management Buy Out oder wertorientierter Managementkonzepte und Anlässe aus externer Rechnungslegung, zu denen Impairmenttests oder konzerninterne Umstrukturierungen gehören. Weiter gibt es Anlässe aus gesellschaftlichen sowie gesetzlichen bzw. vertraglichen Gründen, wie z.B. Eingliederung, Squeeze Out oder Gesellschaftereintritt bzw. -austritt.[72]

2.4 Finanzierung von Start-Ups

Finanzkapital ist eine von Start-Ups benötigte Ressource, um das Unternehmen bilden und später führen zu können. Finanzierungsentscheidungen und die Inanspruchnahme von Eigen- und Fremdkapital haben wichtige Folgen auf den Geschäftsbetrieb, die Unternehmensperformance, das Risiko zu scheitern und auf das zukünftige Expansionspotenzial.[73] Eigenkapital- und Fremdkapitalfinanzierungen führen zu Einzahlungen, wodurch die geplante Leistungsbereitschaft hergestellt werden kann.[74]

Wie bei der Bewertung sind auch bei der Finanzierung von Start-Ups das Fehlen aussagekräftiger Daten und der Zugang zu finanziellen Informationen problematisch.[75] Die bereits erläuterten Charakteristika von Start-Ups erschweren es ihnen, Fremdkapitalfinanzierungen in Anspruch zu nehmen. Anders als zu etablierten Unternehmen stehen Start-Ups nur bestimmte Formen der Eigenkapitalfinanzierung zur Verfügung. Fremdfinanzierungen erfolgen nur in sehr begrenztem Maße bzw. in Ausnahmefällen.[76] Je nach Finanzierungsform fokussiert sich das Interesse des Kapitalgebers auf unterschiedliche Daten. Bei Eigenkapitalfinanzierungen spielen Wachstums- und Chancenpotenzial sowie die Abschätzung des Ausfallrisikos eine Rolle, um eine angemessene Eigenkapitalrendite zu erreichen. Im Interesse der Fremdkapitalgeber stehen dagegen lediglich die Abschätzung des Aus-

---

[72] Vgl. IDW S 1 (2008), Tz. 8-11.
[73] Vgl. Cassar (2004), S. 262 f.
[74] Vgl. Schulte (2005), S. 472.
[75] Vgl. Cassar (2004), S. 262 f.
[76] Vgl. Fischer (2004), S. 13.

fallrisikos sowie materielle Vermögensgegenstände, die evtl. zur Besicherung des Darlehens stehen.[77] Investitionen in Start-Ups sind durch hohe Unsicherheiten in Bezug auf die zukünftige Höhe und Stabilität der Erträge gekennzeichnet.[78]

In der Early Stage finanzieren sich Start-Ups daher insbesondere durch öffentliche Fördermittel, Business Angels und Venture Capital Unternehmen.[79] Daneben erfolgt eine finanzielle Beteiligung zumeist durch die Familie und Freunde sowie durch den Gründer selbst oder auch durch Mitarbeiter.[80] Da Start-Ups ein hohes Geschäftsrisiko tragen, ist die Risikoprämie der Eigenkapitalgeber höher als die der Fremdkapitalgeber, die nur das Ausfallrisiko eingehen müssen. Damit ist die Eigenkapitalfinanzierung für Starts-Ups teuer, jedoch zwingend notwendig. Denn die Beschaffung von günstigem Kapital ist für Start-Ups sehr schwierig bis teilweise unmöglich.[81] Eigene Mittel sind, wenn überhaupt, nur sehr begrenzt vorhanden und öffentliche Fördermittel werden nur bedingt vergeben.[82] Venture Capital Finanzierungen gelten als dominierende Finanzierungsalternative in Form externer Eigenkapitalfinanzierung nicht börsenreifer Start-Ups.[83] In der Regel handelt es sich dabei um zeitlich begrenzte Minderheitsbeteiligungen, die durch hohe Risiken, große Renditepotenziale, keine laufende Verzinsung für das bereitgestellte Kapital, sondern durch einen Kapitalgewinn zum Veräußerungszeitpunkt gekennzeichnet sind. Neben der finanziellen Unterstützung erfolgt zumeist eine Managementunterstützung, die durch die Bereitstellung und den Einsatz von vorhandenem Know-how, Netzwerken oder Sachmitteln zur Wertsteigerung des Unternehmens beiträgt.[84] Venture Capitals stellen in der Regel nicht sofort das ganze benötigte Kapital zur Verfügung, sondern investieren nur phasenweise, bis das Start-Up seine nächste Entwicklungsstufe erreicht hat.[85] Die Renditeforderung einer Venture Capital Gesellschaft hängt daher zu einem großen Teil von der

---

[77] Vgl. Engel (2003), S. 82.
[78] Vgl. Hendel (2003), S. 72.
[79] Vgl. Kollmann (2004), S. 26.
[80] Vgl. Rieg (2004), S. 52.
[81] Vgl. Von Nitzsch/Rouette/Stotz (2005), S. 426.
[82] Vgl. Fischer (2004), S. 14.
[83] Vgl. Schefczyk (2000), S. 1.
[84] Vgl. Achleitner/Nathusius (2003), S. 3.
[85] Vgl. Hendel (2003), S. 42.

Entwicklungsphase ab, in der sich das Start-Up befindet.[86] Im Vergleich zu Business Angels, die sich direkt an einem Start-Up beteiligen, erfolgt eine Venture Capital Beteiligung indirekt entweder durch als Intermediäre fungierende private, börsennotierte oder große Organisationen besitzende Venture Capital Gesellschaften oder einer Kombination daraus.[87]

Die Beziehung zwischen Unternehmensgründer und externen Financiers ist durch Informationsasymmetrien geprägt. So sind die Gründer in der Regel besser über die Chancen, Risiken und Eigenschaften ihres Innovationsproduktes informiert. Dazu hängen die Financiers vom Verhalten der Unternehmensgründer nach Abschluss des Finanzierungsvertrages ab. Um diese Informationsasymmetrien zu beschränken, werden zumeist Vertragsklauseln erstellt.[88] Auf die zwischen Start-Ups und ihren Finanzintermediären bestehenden Informationsasymmetrien und der damit einhergehenden Adverse Selection und Moral Hazard Problematik wird im Rahmen dieser Arbeit nicht weiter eingegangen.

Alternative Finanzierungsarten eines Start-Ups variieren im Zeitablauf des Geschäftslebenszyklus und ergeben sich aus veränderten Informationsasymmetrien, Finanzierungsbedürfnissen und Anlagenstrukturen.[89] Die Verfügbarkeit der Fremdfinanzierung erweitert sich bei Start-Ups erst sukzessive im Laufe des Unternehmensentstehungsprozesses, da die Fremdkapitalaufnahme eine gewisse Eigenkapitalbasis voraussetzt.[90] Nachteilig ist, dass bis dahin die Einflussnahme der Eigenkapitalgeber durch eine Beteiligung am Unternehmenserfolg sowie durch Mitwirkungs-, Informations- und Kontrollrechte besteht.[91] Bei hohem Finanzierungsbedarf ist es möglich, dass das Management nach mehreren Finanzierungsrunden nicht mehr die Mehrheit der Unternehmensanteile halten kann.[92] Vorteilhaft ist dagegen, dass Start-Ups eine verbesserte Liquidität und damit in gewissem Maße auch eine höhere Kreditwürdigkeit sowie ein geringeres Insolvenzrisiko

[86] Vgl. Hendel (2003), S. 81.
[87] Vgl. Behr/Kind (1999), S. 64.
[88] Vgl. Schwetzler (2005), S. 157.
[89] Vgl. Cassar (2004), S. 264.
[90] Vgl. Schulte (2005), S. 471.
[91] Vgl. Schulte (2005), S. 472 f.
[92] Vgl. Eberhart (2001), S. 1841.

erreichen.[93] Dazu kann das eingebrachte Know-how der meist erfahrenen Venture Capitalists hilfreich sein.[94]

Die unterschiedlichen Lebenszyklusphasen eines Start-Ups geben wichtige Hinweise auf mögliche Finanzierungs- und Beratungsalternativen auf die zur jeweiligen Zeit bestehenden Bedürfnisse.[95] In der Regel kommen Venture Capital Finanzierungen in der Early Stage zum Einsatz. Idealerweise profitieren die Private Equity Geber bis zu ihrem Exit durch überproportionales Wachstum des Start-Ups in den Folgephasen. Durch folgende Abbildung können den verschiedenen Entwicklungsphasen die entsprechenden typischen Finanzierungsquellen zugeordnet werden.[96] Wertrelevante Komponenten für die Bewertung und Finanzierung von Start-Ups variieren im Zeitablauf des Lebenszyklus.[97]

---

[93] Vgl. Schulte (2005), S. 472 f.
[94] Vgl. Achleitner/Nathusius (2004), S. 9.
[95] Vgl. Fischer (2004), S. 18.
[96] Vgl. Achleitner/Nathusius (2004), S. 9.
[97] Vgl. Black (2003), S. 49.

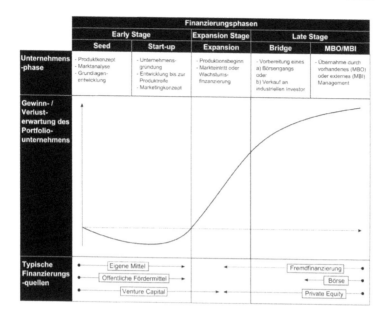

Abbildung 1: Finanzierungsphasen eines Start-Ups [98]

Wachstumsunternehmen sind kein neues Phänomen. Der Unterschied der heutigen Wachstumsunternehmen zu früheren liegt lediglich in der Existenz von negativen Cashflows über mehrere Jahre hinweg. Dieser Aspekt kann durch die Etablierung von Venture Capital Gesellschaften im Zeitablauf begründet werden.[99]

---

[98] Vgl. Achleitner/Nathusius (2004), S. 10.
[99] Vgl. Adams/Rudolf (2005), S. 196.

3. Verfahren zur Unternehmensbewertung

3.1 Überblick und Systematisierung der Bewertungsverfahren

In der Literatur gibt es eine Vielzahl unterschiedlicher Kategorisierungen von Bewertungsverfahren.[100] Der Einsatz bestimmter Bewertungsmethoden ist vom Bewertungszweck abhängig. Dabei können die jeweiligen Bewertungsmethoden zu verschiedenen Ergebnissen führen.[101]

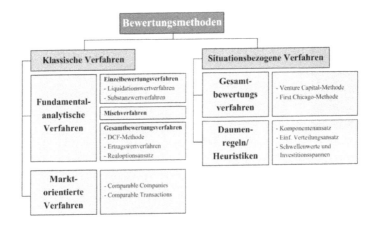

Abbildung 2: Gliederung der Bewertungsverfahren[102]

Die klassische Systematisierung der Bewertungsverfahren gliedert sich in fundamentalanalytische und marktorientierte Verfahren auf. Erst genannte Verfahren verwenden individuell ermittelte Unternehmensdaten, zweit genannte Verfahren dagegen direkt am Kapitalmarkt beobachtbare Daten. Die Abgrenzung der Ver-

---

[100] Vgl. Rieg (2004), S. 56.
[101] Vgl. Achleitner/Nathusius (2004), S. 24.
[102] In Anlehnung an Engel (2003), S. 244.

fahren ist nicht ganz eindeutig, da beide Verfahren für bestimmte Rechenschritte teilweise auf die jeweiligen anderen Daten zurückgreifen müssen.[103]

Innerhalb der fundamentalanalytischen Verfahren wird zwischen Einzel- und Gesamtbewertungsverfahren sowie Mischverfahren unterschieden. Diese Systematisierung ist heutzutage allgemein anerkannt.[104] Bei den Einzelbewertungsverfahren werden sämtliche Vermögensgegenstände und Schulden bewertet und addiert.[105] Dabei verstoßen sie, im Gegensatz zum Gesamtbewertungsverfahren, gegen das Prinzip der Bewertungseinheit.[106] Das zum Einzelbewertungsverfahren dazu gehörende Liquidationsverfahren stellt auf den Zerschlagungswert eines Unternehmens ab. Das ebenfalls dazugehörige Substanzwertverfahren geht dagegen von der Fortführung eines Unternehmens aus.[107] Das Substanzwertverfahren dient der Berechnung von Rekonstruktionswerten. Es basiert auf der Überlegung, ob für einen potenziellen Käufer ein Unternehmenskauf oder die Neuerrichtung eines identischen Unternehmens billiger ist.[108] Da das Substanzwertverfahren keine Verbundeffekte sowie selbstgeschaffene Geschäfts- oder Firmenwerte erfassen kann, bleibt dieses Verfahren beim Vorliegen der eben genannten Größen ohne Aussage.[109] Insgesamt sind die Einzelbewertungsverfahren für die Bewertung von Start-Ups nicht geeignet, da sie zukünftige Entwicklungen bei der Bestimmung des Unternehmenswertes ignorieren und damit vorwiegend gegenwartsorientiert sind.[110] Sie können deshalb die Unternehmensentwicklung, die bei Start-Ups definitionsgemäß in der Zukunft liegt, nicht abbilden. Es fehlt hier die zukunftsbezogene Bewertung des Unternehmenswertes.[111] Im Folgenden werden daher die Einzelbewertungsverfahren nicht weiter ausgeführt. Da Mischverfahren eine Kombination der Einzel- und Gesamtbewertungsverfahren darstellen und daher

---

[103] Vgl. Achleitner/Nathusius (2004), S. 25.
[104] Vgl. Drukarczyk/Schüler (2009), S. 89.
[105] Vgl. Achleitner/Nathusius (2004), S. 25.
[106] Vgl. Baetge/Krumbholz (1991), S. 26.
[107] Vgl. Ballwieser (2011), S. 10.
[108] Vgl. Rudolf/Witt (2002), S. 56.
[109] Vgl. Ballwieser (2011), S. 10.
[110] Vgl. Hayn (2003), S. 79.
[111] Vgl. Rudolf/Witt (2002), S. 56.

auch die eben erläuterten Nachteile der Einzelbewertungsverfahren aufweisen,[112] werden diese ebenfalls außer Acht gelassen.

Die Gesamtbewertungsverfahren, wozu das Discounted Cashflow Verfahren (DCF-Verfahren), das Ertragswertverfahren und der Realoptionsansatz gehören, sind zukunfts- und investitionsorientiert.[113] Zukünftige Erträge bzw. Cashflows werden zum Bewertungsstichtag abgezinst. Die Wertermittlung bemisst sich hier am gesamten finanziellen Vorteil der Eigentümer durch die Nutzung sämtlicher Aktiva und Passiva. Insgesamt wird das aus dem Unternehmen „Herausholbare" bewertet.[114]

Marktorientierte Verfahren orientieren sich dagegen an empirisch beobachtbaren Kapitalmarktdaten vergleichbarer Unternehmen (Comparable Companies) und vergleichbarer Transaktionen (Comparable Transactions). Von gezahlten Marktpreisen vergleichbarer Objekte werden unter Berücksichtigung von Multiplikatoren, die zur Überwindung etwaiger Größenunterschiede dienen, entsprechende Unternehmenswerte abgeleitet.[115]

Neben der klassischen Systematisierung ergibt sich noch eine weitere Differenzierung in situationsspezifische und –unspezifische Unternehmensbewertungsverfahren. Die klassischen Verfahren gehören zu den situationsunspezifischen Verfahren und sind damit unabhängig vom Bewertungsanlass anwendbar.[116] Situationsspezifische Verfahren haben sich in der Praxis infolge der Schwächen klassischer Bewertungsverfahren in Bezug auf die Bewertung von Start-Ups entwickelt. Diese lassen sich wiederum in Gesamtbewertungsverfahren und Daumenregeln separieren.[117] Sie kommen z.B. in der spezifischen Situation einer Venture Capital Finanzierung zum Einsatz. Hierbei geht es weniger um die exakte Bestimmung des Unternehmenswertes, sondern um die Bestimmung eines fairen Preises sowie die Unterstützung der Wahl des bevorzugten Projekts innerhalb einer Investitionsent-

---

[112] Vgl. Engel (2003), S. 245.
[113] Vgl. Achleitner/Nathusius (2004), S. 25.
[114] Vgl. Moxter (1977), S. 254.
[115] Vgl. Engel (2003), S. 245.
[116] Vgl. Engel (2003), S. 245.
[117] Vgl. Engel (2003), S. 244.

scheidung.[118] Aufgrund der konzeptionellen Ähnlichkeit der zu den Gesamtbewertungsverfahren gehörenden Venture Capital und First Chicago Methode wird
später nur auf die erst genannte Methode näher eingegangen.

Im Folgenden wird nach einer Erläuterung der Anforderungen an die Bewertungsverfahren im Rahmen der Start-Up Bewertung auf die einzelnen Bewertungsverfahren weiter eingegangen und deren Stärken und Schwächen sowie ihre
Eignung diskutiert.

3.2 Anforderungen an Bewertungsverfahren von Start-Ups

Die spezifischen Merkmale und die damit verbundenen Bewertungsprobleme von
Start-Ups lassen besondere Anforderungen an deren Bewertung entstehen. Die
Autoren Achleitner/Nathusius leiten aus den Charakteristika von Wachstumsunternehmen vier Kriterien zur Beurteilung der Güte eines Bewertungsverfahrens
ab.

Zum einen sollte sich aufgrund der kaum oder gar nicht vorhandenen Vergangenheitsdaten das Bewertungsverfahren zwingend an Zukunftswerten des Unternehmens orientieren. Neben der Zukunftsorientierung sollten durch die Bewertungsmethode die in der Anfangsphase zumeist vorhandenen Verluste berücksichtigt
werden können. Da Start-Ups in der Regel hohe immaterielle Vermögenswerte
aufweisen, sollten diese erfasst werden können. Zum anderen wäre die Abbildung
der Flexibilität im Entscheidungsprozess des Managements auf sich ändernde
Umweltbedingungen wünschenswert. Der etwaige positive oder negative Wachstumsverlauf sollte anhand des Risikos in das Bewertungsergebnis mit einfließen.
Darüber hinaus sollten subjektive Faktoren infolge der gewählten Finanzierungs-
art, insbesondere im Hinblick auf die Renditeforderungen und Risikopräferenzen
der Eigenkapitalgeber, berücksichtigt werden können. Die genannten Anforderungen werden im Kriterium der Abbildungsadäquanz subsummiert. Mit Hilfe der

---

[118] Vgl. Rieg (2004), S. 58.

3 Verfahren zur Unternehmensbewertung

Abbildungsadäquanz soll das Unternehmen vollständig und adäquat abgebildet werden. Zuletzt sollten die Bewertungsverfahren die Kriterien Praktikabilität sowie Akzeptanz aufweisen. Die Praktikabilität steht für einen adäquaten Aufwand des Verfahrens in Form einfacher Datenbeschaffung und angemessener Datenverlässlichkeit. Die Akzeptanz bezieht sich auf die Akzeptanz in der Praxis.[119]

Da die geforderten Kriterien teilweise voneinander abhängig sind, müssen Trade-Offs beachtet werden. Beispielsweise schränkt die Erfüllung der Zukunftsorientierung die Praktikabilität ein, da Zukunftsdaten nicht mit einer vollständigen Datensicherheit prognostiziert werden können.[120]

3.3 Besonderheiten und Eignung der Bewertungsverfahren im Hinblick auf Start-Ups

3.3.1 Ertragswertverfahren

Das Ertragswertverfahren basiert auf der Kapitalwertmethode und berechnet den Unternehmenswert durch die Diskontierung zukünftiger Nettozahlungen des Unternehmens an seine Anteilseigner.[121] Der Unternehmenswert wird dabei aus dem finanziellen Nutzen bestimmt, den die Eigentümer in der Zukunft durch Zahlungen aufgrund des Eigentums am Unternehmen erhalten.[122] Die Nettoauszahlungen bestehen aus Dividendenzahlungen und aus Kurssteigerungen. Dabei werden Kurssteigerungen meist außer Acht gelassen, da deren Realisierung nur in Verbindung mit der Veräußerung der Anteile stehen. Innerhalb des Ertragswertverfahrens stehen zukünftige Dividenden im Fokus der Berechnung des Unternehmenswertes.[123]

---

[119] Vgl. Achleitner/Nathusius (2004), S. 6 f.
[120] Vgl. Achleitner/Nathusius (2004), S. 8.
[121] Vgl. Rudolf/Witt (2002), S. 59.
[122] Vgl. Peemöller (2009), S. 685.
[123] Vgl. Rieg (2004), S. 65.

Sowohl das Ertragswertverfahren als auch das DCF-Verfahren unterscheiden zwischen objektivierten und subjektiven Unternehmenswerten. Der objektivierte Unternehmenswert ist auf nachvollziehbare Vorgehensweise verbunden mit einer neutralen Sichtweise des Gutachters frei von individuellen Wertvorstellungen anderer Parteien zu kalkulieren. Unter Einbezug individueller Wertvorstellungen wird dagegen der subjektive Unternehmenswert berechnet, wodurch für einen Investor die Preisobergrenze sowie für einen Verkäufer eines Unternehmens die Preisuntergrenze widergegeben werden kann.[124]

Da Start-Ups definitionsgemäß in den ersten Jahren Verluste aufweisen und etwaige Überschüsse sofort investieren, um marktfähig zu werden, ist vorerst keine Auszahlung an deren Anteilseigner möglich. Deshalb ist das Ertragswertverfahren für Wachstumsunternehmen in einer modifizierten Variante in Form eines Phasenmodells anzuwenden. Dabei ist die erste Phase durch Verluste bis zum Zeitpunkt n gekennzeichnet. Folglich belaufen sich die Dividendenzahlungen an die Anteilseigner auf null. Die zweite Phase ist durch stark wachsende Gewinne D_1 mit der Wachstumsrate g bis zum Zeitpunkt n+m charakterisiert. Die dritte Phase wird durch Gewinne D_2 in „normaler" Höhe und damit einer Wachstumsrate von null bis in die Unendlichkeit gekennzeichnet.[125] Damit der Unternehmenswert berechenbar bleibt, darf die Wachstumsrate nicht größer als der Diskontierungszinssatz sein.[126] Die unterschiedlichen Phasen unterliegen damit unterschiedlichen Anforderungen der Prognosegenauigkeit.[127] Neben dem Drei Phasen Modell existiert auch ein Zwei Phasen Modell. Der Unterschied liegt im Wegfall der zweiten Phase, die den Trend der Unternehmensentwicklung widerspiegelt. Der ersten Phase folgt direkt die Phase der pauschalen auf einem Niveau bleibenden finanziellen Überschüsse.[128] In der Literatur herrscht eine kontroverse Meinung über Einsatz und Eignung der genannten Phasenmodelle. Laut Hayn ist die Wahl

[124] Vgl. IDW S 1 (2008), Tz. 12.
[125] Vgl. Rudolf/Witt (2002), S. 67 f.
[126] Vgl. Rudolf/Witt (2002), S. 66.
[127] Vgl. Walter (2003), S. 71.
[128] Vgl. Hayn (2003), S. 184.

der Anzahl und des zeitlichen Umfangs der Phasen einzelfallabhängig festzulegen.[129]

Trotz der relativ einfachen Methodik des Ertragswertverfahrens, weist das Verfahren einige Probleme in Bezug auf die Bewertung von Start-Ups auf.[130] Der Unternehmenswert ist abhängig von der Höhe des Diskontierungszinssatzes, der Höhe zukünftiger Erfolgsgrößen[131] sowie der Differenzierung über den Bewertungszeitraum.[132] Die Bestimmung der drei Größen ist problematisch. Auf die Bestimmung des Diskontierungszinssatzes wird später in Kapitel 4 eingegangen. Zukünftige Dividenden zu prognostizieren ist nur mit hoher Unsicherheit möglich.[133] Daneben besteht das Problem der Datenbeschaffung über notwendige Informationen.[134] Steigende Unsicherheit über Eintritt und Ausprägung von Planfaktoren im Zeitablauf begründet die Differenzierung in mehrere Bewertungsphasen. Da die Unternehmensbewertung dem Going Conern Prinzip folgt und somit die Unsicherheit mit der Berücksichtigung der Unendlichkeit immer weiter steigt, ist nur für einen begrenzten Zeitraum eine detaillierte Prognose der Erfolgsfaktoren möglich.[135] Widersprüchlich ist jedoch, dass die letzte Phase ein konstantes Niveau annimmt und damit die steigende Unsicherheit über die Zukunft nicht adäquat abbilden kann.[136]

Das Anforderungskriterium der Zukunftsorientierung wird im Ertragswertverfahren explizit erfüllt. Allerdings mangelt es an einer vollständigen Erfüllung der Kriterien der Abbildungsadäquanz. In der Regel geht das Ertragswertverfahren wie auch alle anderen traditionellen Bewertungsverfahren nicht von negativen Überschüssen aus. Die Erfassung immaterieller Vermögenswerte sowie die Erfassung von Flexibilität durch zukünftige Handlungen in Abhängigkeit der Umweltzustände sind nicht möglich. Weitere Ausführungen zu eben genannten Kriterien

---

[129] Vgl. Hayn (2003), S. 186.
[130] Vgl. Rudolf/Witt (2002), S. 62.
[131] Vgl. Hayn (2003), S. 129.
[132] Vgl. Hayn (2003), S. 182.
[133] Vgl. Rieg (2004), S. 65.
[134] Vgl. Rudolf/Witt (2002), S. 62.
[135] Vgl. Hayn (2003), S. 183.
[136] Vgl. Hayn (2003), S. 189.

der Abbildungsadäquanz finden sich aus Überschneidungsgründen in Kapital
3.3.2 beim DCF-Verfahren. Die Anwendung des Phasenmodells berücksichtigt
den Wachstumsverlauf junger Unternehmen. Jedoch bestehen hierbei Progno-
seprobleme der erforderlichen Komponenten. Subjektive Faktoren könnten grundsätzlich in Verbindung mit der Festlegung des Diskontierungszinssatzes berücksichtigt werden. Dazu mehr in Kapitel 4. Das Kriterium der Praktikabilität wird
durch die Probleme bei der Prognose von Zukunftsgrößen bei nicht vorhandenen
Vergangenheitswerten nicht erfüllt. Laut IDW S 1 hat das Ertragswertverfahren in
der Praxis im Vergleich zum DCF-Verfahren in den letzten zwei Jahrzehnten an
Bedeutung verloren.[137] Dennoch handelt es sich hier um ein anerkanntes und un-
bestritten richtiges Unternehmensbewertungsverfahren.[138]

3.3.2   Discounted Cashflow-Verfahren

Das DCF-Verfahren bestimmt den Unternehmenswert auf Basis der Abzinsung
künftiger periodenspezifischer Cashflows.[139] Dabei stellen die Cashflows die Differenz aus erwarteten Ein- und Auszahlungen dar. Sie sind je nach eingesetzten
Verfahren unterschiedlich definiert. Laut IDW S1 lassen sich die unterschiedlichen Verfahren in den Entity- und Equity-Ansatz aufspalten. Der Entity-Ansatz
erfasst das Konzept der gewogenen Kapitalkosten (WACC-Ansatz) und das des
angepassten Barwerts (APV-Ansatz). Hier wird von einer Bruttokapitalisierung
ausgegangen. Der Marktwert des Eigenkapitals ergibt sich dabei aus der Subtraktion des Fremdkapitals vom Gesamtkapital. Der Equity-Ansatz geht dagegen von
einer Nettokapitalisierung aus. Hierbei handelt es sich um das Konzept der direk-
ten Ermittlung des Eigenkapitals. Der um die Fremdkapitalkosten verminderte
Cashflow wird mit der Rendite der Eigenkapitalkosten diskontiert. Die unterschiedlichen Rechenverfahren führen bei konsistenten Annahmen zum selben
Ergebnis.[140] Die Unternehmensbewertung anhand des Entity-Ansatzes umfasst

---

[137] Vgl. Bysikiewicz/Zwirner (2013), S. 242.
[138] Vgl. Rudolf/Witt (2002), S. 60.
[139] Vgl. Thiel (2013), S. 658.
[140] Vgl. IDW S 1 (2008), Tz. 124.

Zahlungen an alle Kapitalgeber, wobei dem Equity-Ansatz lediglich Zahlungen des Unternehmens an die Anteilseigner zugrunde liegen.[141] In der Praxis ist der WACC-Ansatz am weitesten verbreitet. Die Anwendung des DCF-Verfahrens setzt eine fundierte Finanzplanung für die nächsten drei bis fünf Jahre voraus.[142]

Die Validität des Unternehmenswerts hängt von der Prognosegenauigkeit der Cashflows und der Bestimmung des Diskontierungszinssatzes ab.[143] Der Unternehmenswert reagiert sehr sensibel auf Änderungen der Annahmen über die Wachstumsraten und die Zinsentwicklung.[144] Da Start-Ups in einem unternehmerischen Umfeld ökonomischer Instabilität agieren, die Marktsituation intransparent ist und Erfahrungswerte zumeist fehlen, ist die Bestimmung zukünftiger Cashflows nur unzureichend möglich.[145] Die Bestimmung der Wachstumsraten ist daher nur sehr schwer hervorsagbar. Sie sind in der Regel sehr viel geringer als die in den Business Plänen der Gründer enthaltenen optimistischen Planwerte. Daneben gestaltet sich die Bestimmung des Diskontierungszinssatzes aufgrund des hohen Risikos von Start-Ups als problematisch. Weiteres dazu folgt in Kapitel 4.

Das DCF-Verfahren erfolgt nicht aus Investorenperspektive. Dies macht sich zum einen im Diskontierungssatz bemerkbar, da dieser nicht die Zielrendite des Investors, sondern die Kapitalkosten umfasst. Zum anderen wird die zeitlich begrenzte Investition von Venture Capitalists nicht in die Bewertung mit eingebunden. Die Bewertung erfolgt unabhängig von Struktur und Einlage der Eigenkapitalgeber.[146] Dies erweist sich als problematisch, da gerade der Unternehmenswert zum Zeitpunkt des Exits eines Venture Capitalists einen großen Teil am Unternehmenswert ausmacht.[147] Die Grundlage der Berechnungen liegt auf aufeinanderfolgenden zukünftigen Investitionsprojekten, die erwartungsgemäß in der Zukunft realisiert werden. Dabei kann die Handlungsflexibilität des Managements auf sich ändernde

---

[141] Vgl. Rudolf/Witt (2002), S. 79.
[142] Vgl. Krings/Diehm (2001), S. 1133.
[143] Vgl. Thiel (2013), S. 658.
[144] Vgl. Krings/Diehm (2001), S. 1134.
[145] Vgl. Krings/Diehm (2001), S. 1134.
[146] Vgl. Achleitner/Nathusius (2004), S. 42.
[147] Vgl. Krings/Diehm (2001), S. 1134.

Umweltbedingungen nicht erfasst werden. Der in der Grundform des DCF-Verfahrens existierende starre Diskontierungszinssatz spiegelt ein im Zeitablauf gleich bleibendes Risiko, was gerade für Start-Ups ein völlig unpassendes Szenario darstellt. Die Berücksichtigung höheren Risikos würde lediglich zu einem geringeren Unternehmenswert führen. Damit würde die positive Sichtweise des Risikos außer Acht gelassen werden und nur die negative Sichtweise erfasst werden.[148] Daher kann auch, analog zum Ertragswertverfahren, ein Phasenmodell im DCF-Verfahren verwendet werden.[149]

Das DCF-Verfahren stößt an seine Grenzen, wenn die erwarteten Auszahlungen die erwarteten Einzahlungen überschreiten und der Cashflow damit negativ ist.[150] Die Abzinsung negativer Ergebnisse würde bei einem höheren Diskontierungszinssatz fälschlicherweise zu einem höheren Unternehmenswert führen.[151] Die Erfassung immaterieller Vermögenswerte ist zwar theoretisch möglich, da Cashflows durch die Unternehmenstätigkeit entstehen und diese sich wiederum aus materiellen und immateriellen Vermögenswerten zusammensetzen. Praktisch ist der Einbezug immaterieller Vermögenswerte jedoch problematisch, da diese äußerst schwer zu quantifizieren sind.[152] Die mangelnde Berücksichtigung des DCF-Verfahrens von Chancen- und Risikopotenzialen sowie der Handlungsflexibilität des Managements[153] führt zu einer starren Sichtweise der Zukunft des zu bewertenden Objekts. Die Praktikabilität des DCF-Verfahrens wird durch die nicht ausreichend solide Prognose zukünftiger Zahlungsüberschüsse eingeschränkt.[154]

Trotz der Kritik am DCF-Verfahren wird es sehr häufig in der Praxis angewandt, da Einigkeit über dessen konzeptionelle Sinnhaftigkeit besteht. Der Vorteil des Verfahrens im Sinne einer Start-Up Bewertung aus Sicht einer Venture Capital Gesellschaft ist in der Notwendigkeit einer genauen Analyse des Start-Ups zur Prognose zukünftiger Cashflows zu sehen. Allein dadurch erhält die Gesellschaft

---

[148] Vgl. Achleitner/Nathusius (2004), S. 67.
[149] Vgl. Rudolf/Witt (2002), S. 81.
[150] Vgl. Häcker/Riffner (2001), S. 345.
[151] Vgl. Dörschell/Franken/Schulte (2009), S. 261.
[152] Vgl. Achleitner/Nathusius (2004), S. 61.
[153] Vgl. Engel (2003), S. 250.
[154] Vgl. Achleitner/Nathusius (2003), S. 10.

einen Mehrwert und sichert sich eine gute Basis für spätere Vertragsverhandlungen.[155]

Die Erfüllung der Anforderungskriterien für die Bewertungsmethoden von Start-Ups sind bei DCF- und Ertragswertverfahren identisch.

3.3.3 Realoptionsansatz

In der Literatur wird unter dem Realoptionsansatz die Übertragung der Optionspreistheorie auf die Unternehmensbewertung verstanden.[156] In Analogie zu Finanzoptionen hat das Management eines Unternehmens das Recht, aber nicht die Pflicht, Handlungsspielräume zu nutzen und gegebenenfalls an ihren positiven Entwicklungen teilzuhaben.[157] Bei entsprechender Flexibilität kann ein Unternehmen von positiven Entwicklungen profitieren und sich zusätzlich im Fall negativer Entwicklungen vor Verlusten schützen.[158] Es hat das Recht Anteile zu kaufen (Call Option) bzw. zu verkaufen (Put Option). Daher können Rechte auf die Aktiva eines Unternehmens als eine Call Option betrachtet werden.[159] Myers erkannte als erster, dass sich der Unternehmenswert aus dem Wert existierender Geschäfte und auch aus dem Barwert zukünftiger Wachstumchancen zusammensetzt, die sich aus Handlungsspielräumen ergeben.[160] Daher handelt es sich beim Realoptionsansatz nicht um einen vollständig eigenständigen Bewertungsansatz, da auf Ergebnisse des DCF-Verfahrens zurückgegriffen werden muss.[161] Die Bewertung umfasst zum einen den passiven optionsfreien Unternehmenswert, dessen Berechnung auf dem DCF-Verfahren basiert sowie den aktiven Unternehmenswert, der die optionsartige Wertkomponente mit Hilfe von Optionspreismodellen abbildet.[162] Der Optionswert kann durch die Modelle von Black & Scholes[163] oder

---

[155] Vgl. Achleitner/Nathusius (2003), S. 10.
[156] Vgl. Myers (1977), S. 147 f.
[157] Vgl. Walter (2003), S. 143.
[158] Vgl. Peemöller/Beckmann (2009), S. 1047.
[159] Vgl. Myers (1977), S. 155.
[160] Vgl. Myers (1977), S. 150 & 163.
[161] Vgl. Wupperfeld/Köglmayr (2007), S. 39.
[162] Vgl. Achleitner/Nathusius (2004), S. 71.
[163] Vgl. Black/Scholes (1973), S. 637.

Cox et. al[164] berechnet werden, die beide einen perfekten Kapitalmarkt annehmen.[165] Die optionsfreie Wertkomponente ergibt sich aus diskontierten Cashflows realer Güter. Die optionsartige Wertkomponente kann sich dagegen aus dem Besitz des realen Gutes ergeben.[166] Der aktive Unternehmenswert bei Start-Ups ist in der Regel sehr viel größer als der passive Unternehmenswert.[167]

Die Erfassung der Optionen ist je nach ihrer Anzahl und Art sehr umfangreich.[168] Da in nahezu jeder Situation eine Art von Flexibilität existiert, gibt es eine Reihe verschiedener Optionen. Wachstumsoptionen, Lernoptionen und Desinvestitionsoptionen gehören beispielsweise zu den Grundtypen von Realoptionen. Wachstums- bzw. Desinvestitionsoptionen ermöglichen es einem Unternehmen in der Zukunft, neue zusätzliche Cashflows zu generieren bzw. negative Cashflows durch eine Desinvestition zu verhindern. Lernoptionen ermöglichen es, Investitionen aufzuschieben und dadurch weitere Erkenntnisse über die zukünftige Entwicklung zu erhalten.[169]

Der Realoptionsansatz ist äußerst komplex, da die Bewertung auf Modellen basiert, die ursprünglich für Finanzoptionen entwickelt wurden.[170] Die Annahmen von Optionspreismodellen sind nicht ohne weiteres auf Realoptionen anzuwenden. Daher müssen Optionspreismodelle anhand der Berücksichtigung realoptionscharakterisierender Effekte angepasst werden. Weiterhin ist die genaue Spezifikation der Realoptionen von ihrer zukünftigen Identifikation und von der Einflussnahme der Unternehmensleitung auf sie abhängig.[171] Gerade für Start-Ups spielen Wachstumsoptionen eine besondere Rolle.[172] Zu den gemeinsamen Merkmalen von Finanz- und Realoptionen gehören zum einen die Flexibilität der zukünftigen Ausübung der Option, wie z.B. der Ausführung oder der Unterlassung einer Investition abhängig von sich verändernden Risiken, zum anderen das

---

[164] Vgl. Cox et al. (1979), S. 229.
[165] Vgl. Hering/ Olbrich/ Steinrücke (2006), S. 412.
[166] Vgl. Walter (2003), S. 143.
[167] Vgl. Behringer (2012), S. 323.
[168] Vgl. Müller (2013), S. 333.
[169] Vgl. Hendel (2003), S. 117 f.
[170] Vgl. Achleitner/Nathusius (2004), S. 71.
[171] Vgl. Pritsch (2000), S. 174 f.
[172] Vgl. Hayn (2003), S. 455.

Merkmal der Unsicherheit des zukünftigen Erfolgs einer Investition und zuletzt das Merkmal der Irreversibilität, wodurch eine Investition nicht uneingeschränkt rückgängig gemacht werden kann.[173] Realoptionen beziehen sich im Unterschied zu Finanzoptionen auf reelle Güter, nicht auf Finanzkontrakte.[174]

Der Realoptionsansatz kann Werteffekte, die aus Handlungsoptionen des Managements bzw. der Eigentümer resultieren, berücksichtigen.[175] Im Vergleich zu anderen Bewertungsverfahren ist es ihm möglich, die Unsicherheit der Zukunft unter Berücksichtigung des heutigen Potenzials des Unternehmens abbilden zu können.[176] Der Unternehmenswert nach dem Realoptionsansatz erfüllt daher das Kriterium der Zukunftsorientierung. Der aktive Unternehmenswert umfasst die zukünftige Flexibilität durch Realoptionen und der passive Unternehmenswert basiert auf dem, das Kriterium der Zukunftsorientierung erfüllende, DCF-Verfahren.[177] Die Abbildungsadäquanz des Realoptionsansatzes ist eingeschränkt, weil die Annahmen für Realoptionen in der Realität nur eingeschränkt gelten.[178] Im Gegensatz zu den bereits erläuterten Bewertungsmethoden berücksichtigt der Realoptionsansatz neben dem negativen Auswirkungspotenzial auch das positive Auswirkungspotenzial von Risiken. Das Eingehen von Risiken steht oft in Verbindung mit der Generierung eines zusätzlichen Werts.[179] Dadurch können die Nachteile etablierter Bewertungsansätze überwunden werden.[180] Damit ist es möglich, dass trotz negativer Cashflows ein positiver Unternehmenswert ermittelt werden kann. Den abgezinsten Cashflows werden bewertungsrelevante Gegenwerte für die zukünftige Entscheidungsflexibilität des Unternehmens dazu addiert.[181] In der Theorie ist das Realoptionsverfahren daher dem DCF-Verfahren überlegen. Allerdings ist auch hier die Prognose der benötigten Daten problematisch.[182] Dazu ist nachteilig, dass das Verfahren durch seine Intransparenz und

---

[173] Vgl. Pritsch (2000), S. 137 f.
[174] Vgl. Bucher/Mondello/Marbacher (2002), S.780.
[175] Vgl. Thiel (2013), S. 656.
[176] Vgl. Wupperfeld/Köglmayr (2007), S. 39.
[177] Vgl. Achleitner/Nathusius (2004), S. 109.
[178] Vgl. Achleitner/Nathusius (2004), S. 109.
[179] Vgl. Damodaran (2010), S. 114.
[180] Vgl. Müller (2013), S. 329.
[181] Vgl. Adams/Rudolf (2005), S. 197.
[182] Vgl. Achleitner/Nathusius (2003), S. 17.

teilweise schwere Verständlichkeit eine geringe Praktikabilität und damit einher-
gehend eine geringe Akzeptanz aufweist.[183] Aufgrund der nicht vorhandenen Analogie zwischen Finanz- und Realoptionen können die ursprünglich zur Bewertung
von Finanzoptionen eingesetzten Optionspreismodelle nicht uneingeschränkt angewendet werden. Durch das Problem der mangelnden Datenverfügbarkeit basieren die benötigten Parameter auf subjektiven Einschätzungen des Bewerters.[184]
Durch den hohen Komplexitätsgrad des Modells wird die geringe Praktikabilität
weiter untermauert.[185] Nachteilig sind neben der hohen Komplexität des Verfahrens praxisferne Annahmen und die zumeist aufwändigen Parameterschätzun-
gen.[186] Die Grenzpreisabschätzung anhand des Realoptionsansatzes ist zwar häufig nicht geeignet, dennoch liefert sie wertvolle Erkenntnisse im Bereich der Unternehmensbewertung und Finanzanalyse sowie über wertbestimmende Unter-
nehmensmerkmale.[187]

3.3.4 Multiplikatorverfahren

Multiplikatorverfahren gehören zu dem marktorientierten Verfahren. Sie existieren in zweierlei Ausprägungen. Zum einen kann deren Bewertung anhand von
Branchen-Multiplikatoren, die auf Durchschnittswerten der gesamten Industrie
anhand von Börsenkursen oder Experteneinschätzungen basieren, berechnet werden. Zum anderen existieren zur Bewertung Peer-Group-Multiplikatoren, die
durch eine Gruppe von Vergleichsunternehmen individuelle Multiplikatoren be-
rechnen.[188] Sie unterliegen der Logik, dass zwei unterschiedliche Unternehmen
denselben Wert aufweisen. Es wird angenommen, dass sie identische zukünftige
Cashflows unter gleichem Risikograd erwirtschaften werden. Falls die Unternehmen nicht denselben Wert aufweisen, sollten die Unternehmer das höher bewerte-

[183] Vgl. Wupperfeld/Köglmayr (2007), S. 39.
[184] Vgl. Achleitner/Nathusius (2004), S. 110.
[185] Vgl. Achleitner/Nathusius (2003), S. 12.
[186] Vgl. Girkinger/Purtscher (2006), S. 143.
[187] Vgl. Engel (2003), S. 252.
[188] Vgl. Achleitner/Nathusius (2004), S. 119.

te Unternehmen verkaufen und das niedriger bewertete Unternehmen kaufen.[189]
Hierzu werden Multiples verwendet, die Bewertungsrelationen vergleichbarer
Unternehmen auf das Bewertungsobjekt übertragen. Deshalb sind marktorientierte
Verfahren auch unter Multiple-basierten Ansätzen bekannt.[190] Es kann zwischen
auf vergangenen und gegenwärtigen Bezugsgrößen basierenden Multiplikatoren
unterschieden werden.[191] Bei der Wahl der Bezugsgröße ist zwingend auf die daraus resultierende Anwendbarkeit des entstehenden Multiplikators zu achten. So ist
z.b. die Bezugsgröße des Periodengewinns für ein Start-Up, das sich in der Early
Stage befindet und damit meist Verluste aufweist, nicht anwendbar, weil ein Mul-
tiplikator mit negativer Ausprägung nicht zweckmäßig ist.[192] Da Start-Ups über
einen relativ langen Zeitraum Verluste aufweisen, sollten bei deren Bewertung
Multiples verwendet werden, die sich nicht auf Überschussgrößen beziehen.[193]
Die Vergleichswerte werden entweder durch in der Vergangenheit bezahlte Preise
für vergleichbare Unternehmen in M&A Deals oder durch beobachtbare Börsen-
kurse für Transaktionen definiert.[194] Weitere nichtfinanzielle Bezugsgrößen sind
z.B. die Anzahl der Kunden oder die Anzahl der Klicks auf der Homepage eines
Unternehmens.[195]

Problematisch ist, dass es insbesondere für Start-Ups, die sich in der Early Stage
befinden, schwierig bis teilweise unmöglich ist, vergleichbare Unternehmen zu
finden.[196] Dies lässt sich durch die Einzigartigkeit des Geschäftsmodells, der speziellen Managerkompetenzen sowie der Netzwerke der Gründer von Start-Ups
begründen.[197] Daneben liegt die Herausforderung darin, wirklich repräsentative
Vergleichsunternehmen zu dem Zeitpunkt zu finden, zu dem das Unternehmen
auch bewertet wird.[198] In der Praxis wird daher häufig auf branchentypische Multiples oder auf Multiples, die durch die Daumenregel bestimmt werden, zurückge-

---

[189] Vgl. Kiholm Smith/Smith/Bliss (2011), S. 349.
[190] Vgl. Schwetzler (2005), S. 155.
[191] Vgl. Olbrich/Frey (2013), S. 316.
[192] Vgl. Olbrich/Frey (2013), S. 317.
[193] Vgl. Schwetzler (2005), S. 155.
[194] Vgl. Hering/Olbrich/Steinrücke (2006), S. 411; Schwetzler (2005), S. 160.
[195] Vgl. Hering/Olbrich/Steinrücke (2006), S. 414; Olbrich/Frey (2013), S. 317.
[196] Vgl. Schwetzler (2005), S. 160.
[197] Vgl. Hering/Olbrich/Steinrücke 2006 S. 412.
[198] Vgl. Kiholm Smith/Smith/Bliss (2011), S. 378.

griffen.[199] Der Multiple-basierte Ansatz wird daher in der Praxis oft erst bei bereits etablierten Unternehmen eingesetzt.[200] Aufgrund der in der Regel nicht existierenden Vergleichsunternehmen wird das Kriterium der Abbildungsadäquanz nicht erfüllt.[201] Des Weiteren ist das Multiplikatorverfahren vergangenheits- oder gegenwartsorientiert und wird deshalb der Anforderung nach der Zukunftsorientierung nicht vollständig gerecht. Außerdem wird die Anforderung der Einheitsbewertung nicht erfüllt.[202] Vorteilhaft ist, dass dieses Verfahren einfach und praktikabel ist sowie bei einem sehr geringen Informationsstand angewendet werden kann. Hier müssen keine Kenntnisse über einen adäquaten Diskontierungszinssatz oder die zukünftige Entwicklung des zu bewertenden Unternehmens vorliegen.[203] Trotz der Mängel in Bezug auf die Zukunftsorientierung und die Abbildungsadäquanz unterliegt das Multiplikatorverfahren einer regelmäßigen Anwendung und damit einer hohen Akzeptanz.[204]

3.3.5 Venture Capital Methode

Die Venture Capital Methode gehört zu den Gesamtbewertungsverfahren der situationsbezogenen Verfahren. Es ist ein in der Praxis oft angewandtes Verfahren, das allerdings nur beim Anlass einer Venture Capital Bewertung zum Einsatz kommt.[205] Ziel der Venture Capital Methode ist es, den prozentualen Anteil am Unternehmen im Gegenzug für die Kapitalbereitstellung zu ermitteln.[206] Daneben wird versucht, den Unternehmenswert zum geplanten Desinvestitionszeitpunkt und damit den erzielbaren Verkaufspreis abzuschätzen.[207] Dabei wird der Unternehmenswert zu einem festgelegten Zeitpunkt in der Zukunft ermittelt und anschließend diskontiert, um den Gegenwartswert zu erhalten.[208] Der Exit des Ven-

---

[199] Vgl. Schwetzler (2005), S. 160.
[200] Vgl. Kiholm Smith/Smith/Bliss (2011), S. 349.
[201] Vgl. Achleitner/Nathusius (2004), S. 140.
[202] Vgl. Hering/Olbrich/Steinrücke (2006), S. 411.
[203] Vgl. Girkinger/Purtscher (2006), S. 140.
[204] Vgl. Achleitner/Nathusius (2004), S. 140 f.
[205] Vgl. Achleitner/Nathusius (2004), S. 145.
[206] Vgl. Achleitner (2001), S. 927.
[207] Vgl. Engel (2003), S. 253.
[208] Vgl. Hendel (2003), S. 80; Achleitner (2001), S. 927 f.

ture Capitalists spielt dabei im Rahmen des Bewertungsverfahrens eine wesentliche Rolle. Der Exit ist der einzige Zeitpunkt, zu dem Venture Capitalists Mittelrückflüsse aus deren Investition erhalten.[209] Es handelt sich dabei um den geplanten Veräußerungszeitpunkt[210] oder den vermuteten Zeitpunkt, an dem das Start-Up an die Börse geht.[211] Damit wird das Vorhaben von Venture Capitalists berücksichtigt, Kapitalgewinne aus einem späteren Verkauf der eigenen Unternehmensanteile zu generieren. Neben dem in der Zeit bis zum Exit realisierten Kapitalgewinn müssen das Wachstum des Unternehmenswertes, die Länge des gebundenen investierten Kapitals, das eingegangene Risiko sowie Opportunitätskosten in der Bewertung mit berücksichtigt werden.[212] In der Venture Capital Methode wird lediglich ein Erfolgsszenario fokussiert. Der Unterschied der First Chicago Methode zur Venture Capital Methode liegt in der Beachtung unterschiedlicher Szenarien.[213] Die First Chicago Methode betrachtet zur Bestimmung der erwarteten Cashflows drei unterschiedliche Szenarien, die mit subjektiven Wahrscheinlichkeiten gewichtet werden. Diese sind das Worst-Case-Szenario, bei dem das Beteiligungsunternehmen vorzeitig liquidiert werden muss und der Venture Capital Gesellschaft daher lediglich ein Teil der Investitionssumme zurückgezahlt werden kann; das Best-Case-Szenario, bei dem die Investitionssumme und die erwartete Rendite zurückgezahlt werden kann sowie das Base-Case-Szenario, bei dem die Investitionssumme und eine niedrigerer als die erwartete Rendite zurück gezahlt werden kann. Hier ist die Betrachtung von Kapitalrückflüssen nicht nur zum Zeitpunkt des Exits möglich.[214]

Die Venture Capital Methode basiert auf einer endwertorientierten Vorgehensweise. Der Endwert des Unternehmens basiert in der Regel auf Multiplikatorverfahren.[215] Weist das Unternehmen zum Zeitpunkt des Exits Gewinne auf, so kann diese Größe mit einer Price Earning Ratio vergleichbarer Unternehmen oder mit der des Branchendurchschnitts multipliziert werden. Im Fall von Verlusten kann

---

[209] Vgl. Schwetzler (2005), S. 168.
[210] Vgl. Hendel (2003), S. 81.
[211] Vgl. Achleitner (2001), S. 927.
[212] Vgl. Achleitner/Nathusius (2004), S. 146.
[213] Vgl. Achleitner/Nathusius (2004), S. 181.
[214] Vgl. Achleitner/Nathusius (2004), S. 173.
[215] Vgl. Titman/Martin (2008), S. 354.

auf umsatzbezogene Kennzahlen ausgewichen werden.[216] Selten wird auch dafür das DCF-Verfahren verwendet. Somit stellt die Venture Capital Methode kein eigenständiges Bewertungsverfahren dar.[217]

Im Gegensatz zum DCF-Verfahren werden hier bei der Ermittlung des Diskontierungszinssatzes nicht die Kapitalkosten des Unternehmens, sondern die Zielrendite des Venture Capitalists verwendet.[218] Die Bewertung erfolgt hier demnach nicht aus Unternehmerperspektive, sondern aus desinvestitionsorientierten Investorenperspektive.[219] Die Renditeforderung von Venture Capitalists hängt von dem einzugehenden Risikograd der Investition, der Prämie für die Kapitalüberlassung sowie einer Prämie für die unterstützende Beratung für Managemententscheidungen ab.[220] Die gewünschte Verzinsung ergibt sich aus der Differenz zwischen Verkaufs- und Beteiligungspreis, da in der Regel keine Dividenden gezahlt werden.[221] Im Zeitablauf verschiedener Finanzierungsrunden nimmt die Renditeforderung ab,[222] da es im Zeitablauf durch gesammelte Beobachtungen seitens der Venture Capitalists möglich wird, bisher bestehende Informationsasymmetrien zu reduzieren.[223] Weitere Ausführungen zum Diskontierungszinssatz innerhalb der Gesamtbewertungsverfahren folgen in Kapitel 4.

Die Venture Capital Methode erfüllt das Kriterium der Zukunftsorientierung, da der Ausgangspunkt der Berechnung im Unternehmenswert des in der Zukunft eintretenden Exits liegt.[224] Die Zukunftsorientierung besteht jedoch nur insoweit, sofern sie noch den zukünftigen Veräußerungswert der Anteile tangiert.[225] Die Kriterien der Abbildungsadäquanz werden nur teilweise erfüllt. Die Bewertung erfolgt hier aus der Perspektive der Venture Capitalists, deren Renditevorstellungen, Risikopräferenzen und Erwartungen mit in die Berechnung eingehen. Sub-

---

[216] Vgl. Achleitner (2001), S. 928.
[217] Vgl. Achleitner (2001), S. 927 f.
[218] Vgl. Achleitner/Nathusius (2004), S. 167.
[219] Vgl. Engel (2003), S. 253.
[220] Vgl. Achleitner/Nathusius (2004), S. 168 f.
[221] Vgl. Hendel (2003), S. 81.
[222] Vgl. Achleitner/Nathusius (2004), S. 168 f.
[223] Vgl. Hendel (2003), S. 42.
[224] Vgl. Achleitner/Nathusius (2004), S. 181.
[225] Vgl. Engel (2003), S. 253.

jektive Faktoren anderer Stakeholder werden dagegen nicht berücksichtigt. Des Weiteren können unternehmensspezifische Merkmale sowie immaterielle Vermögenswerte nicht explizit berücksichtigt werden. In der Zukunft liegende Entscheidungen des Managements auf sich ändernde Umweltzustände können ebenfalls nicht mit der Venture Capital Methode erfasst werden.[226] Der Einsatz der Venture Capital Methode erfordert nur eine geringe Zahl an Daten, die leicht geschätzt werden können. Aufgrund der Prognoseschwierigkeiten in Folge der Nichtexistenz von Vergangenheitsdaten von Start-Ups ist die Praktikabilität des Verfahrens positiv zu unterstreichen.[227] In der Praxis hat sich die Venture Capital Methode für die Bewertung von Unternehmen bewährt.[228] Im Vergleich zu klassischen Bewertungsmethoden ist sie weniger aufwendig.[229] Für den Bewertungsanlass einer Venture Capital Finanzierung unterliegt die Venture Capital Methode einer hohen Akzeptanz.[230]

3.3.6 Daumenregel

Daumenregeln basieren auf sehr einfachen Rechenregeln, die auf Erfahrungen der Venture Capital Geber zurückzuführen sind. Sie vereinfachen im Vergleich zu anderen Bewertungsverfahren den Bewertungsprozess und ermöglichen damit eine schnelle Entscheidungsfindung.[231] Allerdings handelt es sich bei diesem Bewertungsverfahren um kein eigenständiges Bewertungsverfahren, da kein individueller Unternehmenswert erhoben wird.[232] In der Praxis ist die Daumenregel auch unter den Begriffen Faustregel oder Praktikerformel geläufig.[233] Gerade Business Angels verlassen sich bei der Bewertung etwaiger Beteiligungsunternehmen mehr auf ihre intuitive Einschätzung des Geschäftsmodells und des Ma-

---

[226] Vgl. Achleitner/Nathusius (2004), S. 181 f.
[227] Vgl. Achleitner/Nathusius (2004), S. 182.
[228] Vgl. Engel (2003), S. 252.
[229] Vgl. Engel (2003), S. 269.
[230] Vgl. Achleitner/Nathusius (2004), S. 183.
[231] Vgl. Engel (2003), S. 267.
[232] Vgl. Achleitner/Nathusius (2004), S. 187.
[233] Vgl. Seiler (2004), S. 41.

nagementteams, als auf grundlegende Unternehmensdaten.[234] Beispielhafte und in der Praxis angewandte sowie bewährte Daumenregeln sind die Komponenten Methode oder die Drittel Methode. Bei der Komponenten Methode wird der Unternehmenswert durch die Addition im Voraus festgelegter und von den Kapitalgebern wertzugewiesener Erfolgskomponenten bestimmt. Die Drittel Methode geht dagegen von der Annahme aus, dass sich der Unternehmenswert zu jeweils einem Drittel aus dem Anteil der Gründer, des Managements und der Kapitalgeber ergibt. Der Unternehmenswert lässt sich dann durch das Dreifache des aufgenommenen Kapitals bestimmen.[235]

Mit diesem Ansatz wird das bei den klassischen Bewertungsverfahren bestehende Problem der mangelnden Datenverfügbarkeit umgangen.[236] Gerade für Start-Ups ist eine Prognose zukünftiger Unternehmensdaten problematisch, da wenn überhaupt nur eine sehr begrenzte Unternehmenshistorie vorhanden ist.[237] Allerdings missachten Daumenregeln die Individualität eines jeden Unternehmens. Beispiele sind die Missachtung operativer und vermögensmäßiger Merkmale der Vergleichsunternehmen, unterschiedlicher Strukturen einzelner Transaktionen sowie branchenabhängiger Marktangebots- und Nachfragesituationen.[238] Die Daumenregel sollte aufgrund ihrer stark vereinfachenden Annahmen nicht allein als Bewertungsmethode eingesetzt werden. Vielmehr dient sie als Überprüfung der Ergebnisse anderer Bewertungsverfahren.[239] Da kein individueller Unternehmenswert ermittelt werden kann, ist eine Bewertung der Anforderungskriterien an das Bewertungsverfahren nicht sinnvoll.[240]

[234] Vgl. Achleitner/Nathusius (2004), S. 185.
[235] Vgl. Engel (2003), S. 267 f.
[236] Vgl. Engel (2003), S. 267.
[237] Vgl. Achleitner/Nathusius (2004), S. 184.
[238] Vgl. Seiler (2004), S. 41 f.
[239] Vgl. Seiler (2004), S. 42.
[240] Vgl. Achleitner/Nathusius (2004), S. 187.

4. Die Bestimmung des Diskontierungssatzes bei Start-Ups

4.1 Grundlagen des Diskontierungszinssatzes

Die in Kapitel 3 ausgeführten Bewertungsverfahren, die das Barwertkalkül anwenden, machen die Bestimmung des Diskontierungszinssatzes in Abhängigkeit des gewählten Verfahrens notwendig.[241] Konkret handelt es sich hier um die Gesamtbewertungsverfahren der klassischen Bewertungsmethoden sowie um die Venture Capital Methode der situationsbezogenen Verfahren. Neben dem Diskontierungszinssatz hat die Prognose der Zukunftserfolge einen maßgeblichen Einfluss auf den Unternehmenswert. Die Bestimmung des Diskontierungszinssatzes sowie die Prognose der Zukunftserfolge erweisen sich als problematisch.[242]

Der Unternehmenswert wird maßgeblich von der Höhe des Diskontierungszinssatzes bestimmt. Dabei stellt der Diskontierungszinssatz eine sehr sensible Größe dar, da nur kleine Wertänderungen einen enormen Einfluss auf den Unternehmenswert haben. In Theorie und Praxis wird die Ermittlung des Diskontierungszinssatzes daher kontrovers diskutiert.[243] Er bildet als Opportunitätskostenmaß die Rendite der besten Alternative ab.[244] Als Bemessungsgrundlage der Alternativrenditen sind Kapitalmarktrenditen für Unternehmensbeteiligungen in Form eines Aktienportfolios zu betrachten.[245] Die Diskontierung der Zukunftsgrößen findet zeitpunktbezogen auf den Bewertungsstichtag statt.[246] Eine Diskontierung erfolgt, um einen Vergleich der Investition zur Alternativanlage zu ermöglichen. Dabei muss die zu diskontierende Größe in Laufzeit, Risiko und Besteuerung äquivalent sein, um eine angemessene Vergleichbarkeit gewährleisten zu können.[247] Aufgrund der Annahme des Going Concern Prinzips muss die Alternativanlage eine unbegrenzte Lebensdauer aufweisen.[248] Die Höhe des Diskontierungszinssatzes

[241] Vgl. Bark (2011), S. 1.
[242] Vgl. Hayn (2009), S. 704.
[243] Vgl. Bark (2011), S. 1.
[244] Vgl. Hachmeister/Ruthardt (2012), S. 180.
[245] Vgl. IDW S 1 (2008), Tz. 115.
[246] Vgl. IDW S 1 (2008), Tz. 22.
[247] Vgl. IDW S 1 (2008), Tz. 113-114.
[248] Vgl. IDW S 1 (2008), Tz. 117.

sollte in Abhängigkeit mit dem Grad an Unsicherheit der Zukunftsgrößen stehen.[249] Laut Moxter ist die Risikoäquivalenz durch eine Anpassung der Unsicher-
heitsgrößen erreichbar.[250] Gemäß IDW S 1 stehen die Sicherheitsäquivalenz- und
die Risikozuschlagsmethode zur Verfügung, um zukünftige Risiken im Bewertungsprozess erfassen zu können. Die Sicherheitsäquivalenzmethode erfasst das
Risiko durch einen Abschlag des Erwartungswertes über die finanziellen Überschüsse. Die Risikozuschlagsmethode erweitert zur Risikoerfassung dagegen den
Diskontierungszinssatz um einen Risikozuschlag.[251] Demnach bezieht sich die
Sicherheitsäquivalenzmethode auf die Größen im Zähler und die Risikozuschlagsmethode auf die im Nenner. Die Risikozuschlagsmethode hat dabei den
Vorteil, dass sich die Ermittlung des Risikos an empirisch ermittelten Kapital-
marktdaten orientiert.[252] Der Einsatz der kapitalmarktorientierten Ermittlung des
Diskontierungszinssatzes ist heutzutage nahezu unstrittig.[253] Zur Berücksichti-
gung der Steueräquivalenz sind persönliche Ertragssteuern in den finanziellen
Überschüssen und im Diskontierungszinssatz zu erfassen.[254]

Im Einzelnen setzt sich der Diskontierungszinssatz aus den Komponenten des
risikolosen Basiszinssatzes und des Risikozuschlags zusammen.[255] Der risikolose
Basiszinssatz entspricht der geforderten Rendite bei der Investition in eine risikolose Anlage. Die Risikoprämie ist dagegen abhängig vom Risiko der Zukunftserfolge.[256]

---

[249] Vgl. Achleitner/Nathusius (2003), S. 8.
[250] Vgl. Moxter (1983), S. 146.
[251] Vgl. IDW S 1 (2008), Tz. 89.
[252] Vgl. IDW S 1 (2008), Tz. 90.
[253] Vgl. Hachmeister/Ruthardt (2012), S. 180.
[254] Vgl. IDW S 1 (2008), Tz. 93.
[255] Vgl. Hachmeister/Ruthardt (2012), S. 181.
[256] Vgl. Kiholm Smith/Smith/Bliss (2011), S. 354.

4.2 Die Ermittlung des Diskontierungszinssatzes

4.2.1 Die Ermittlung des risikolosen Basiszinssatzes

Der als Ausgangpunkt zur Ermittlung des Diskontierungszinssatzes zu verwendende Basiszinssatz repräsentiert die Rendite, die ein Investor als Alternativanlage zum Bewertungsobjekt in ein risikoloses Wertpapier erzielen kann.[257] Der Gegenwartswert am Bewertungsstichtag soll einen Preis repräsentieren, der für zukünftige sichere Einnahmen zu zahlen ist.[258] Dabei erfordert der Basiszinssatz Zinszahlungen, die in Bezug auf Währung, Zeitpunkt und Höhe sicher sind. Infolge der Anforderung nach einer Laufzeitäquivalenz müssen sich die prognostizierten Zahlungsströme und der Basiszinssatz auf den gleichen Zeitraum beziehen.[259]

In Bezug auf diese eher theoretische Anforderung einer völligen Risikolosigkeit ist für den risikolosen Basiszinssatz eine Näherungslösung heranzuziehen.[260] In der Praxis wird der risikolose Basiszinssatz noch am besten durch Staatsanleihen repräsentiert.[261] Staatsanleihen weisen zumeist nur geringe Risikoprämien auf und gelten deshalb als quasi sicher.[262] Allerdings sind Staatsanleihen durch eine begrenzte Laufzeit gekennzeichnet, wodurch die Anforderung der Laufzeitäquivalenz im Sinne des Going Concern Prinzips nicht erfüllt werden kann. Deutsche Staatsanleihen haben beispielsweise eine dreißigjährige Laufzeit. Um die Anforderung der Laufzeitäquivalenz erfüllen zu können, muss daher eine Anschlussfinanzierung der Staatsanleihen prognostiziert werden.[263] Gemäß IDW S 1 ist der risikolose Basiszins aus der aktuellen Zinsstrukturkurve abzuleiten. Zur Ableitung des Basiszinssatzes wird eine aus laufzeitabhängigen Spot Rates resultierende Zinsstrukturkurve empfohlen.[264] Die Zinsstrukturkurve ist durch die Gesamtheit aller Spot Rates zu unterschiedlichen Zeiten definiert.[265] In der Praxis wird zur

---

[257] Vgl. Bark (2011), S. 10.
[258] Vgl. Kruschwitz/Löffler (2008), S. 806.
[259] Vgl. Hachmeister/Ruthardt (2012), S. 181.
[260] Vgl. Hayn (2003), S. 420.
[261] Vgl. Hachmeister/Wiese (2009), S. 55.
[262] Vgl. IDW S 1 (2008), Tz. 116.
[263] Vgl. Hachmeister/Ruthardt (2012), S. 181; Hachmeister/Wiese (2009), S. 55.
[264] Vgl. IDW S 1 (2008), Tz. 117.
[265] Vgl. Kruschwitz/Löffler (2008), S. 806.

kapitalmarktorientierten Schätzung der Zinsstrukturkurve die Svensson Methode angewendet.[266] Schätzparameter der Spot Rates werden von der Deutschen Bundesbank wie auch der EZB tagesaktuell auf deren Homepage veröffentlicht. Der Unterschied der durch die Deutsche Bundesbank und der EZB veröffentlichten Werte liegt darin, dass die Deutsche Bundesbank für ihre Schätzung auf deutsche Staatsanleihen zurückgreift und diskrete Werte ausweist. Die EZB dagegen greift auf AAA geratete europäische Anleihen zurück und liefert stetige Zinssätze.[267]

4.2.2   Die Ermittlung des Risikozuschlags

Das Capital Asset Pricing Modell (CAPM) dient der kapitalmarktorientierten Herleitung des Diskontierungszinssatzes und spiegelt damit die erwartete Renditeforderung des Kapitalmarkts $E(r_{EK})$ wider. Dabei wird dem risikolosen Basiszinssatz (i) ein Risikozuschlag dazu addiert, der sich aus dem Produkt des Betafaktors (β) und der Marktrisikoprämie ($E(r_M) - i$) zusammensetzt.[268] Die erwartete Renditeforderung wird durch folgende Gleichung definiert:

(1) $$E(r_{EK}) = i + \beta(E(r_M) - i)$$

Die Marktrisikoprämie ergibt sich aus der Subtraktion des risikolosen Basiszinssatzes von dem Erwartungswert der Rendite einer Investition in das Marktportfolio $E(r_M)$, welches aus riskanten Aktien besteht.[269] Sie spiegelt die Zusatzrendite wider, die bei der Investition in ein gut diversifiziertes Portfolio riskanter Kapitalanlagen verlangt werden kann.[270] Die Marktrisikoprämie stellt einen entscheidenden und den zu berechnenden Unternehmenswert beeinflussenden Faktor dar.[271] Theoretisch umfasst der betrachtete Kapitalmarkt alle riskanten Kapitalanlagen

---

[266] Vgl. Hachmeister/Ruthardt (2012), S. 181.
[267] Vgl. Hachmeister/Ruthardt (2012), S. 182.
[268] Vgl. Gebhardt/Daske (2005), S. 649.
[269] Vgl. Hachmeister/Ruthardt (2012), S. 186.
[270] Vgl. Kruschwitz/Löffler (2008), S. 806.
[271] Vgl. Drukarczyk/Schüler (2007), S. 251.

der Welt.[272] Folglich stellen die Marktrisikoprämie sowie der risikolose Basiszins-satz eine theoretische, praktisch nicht bestimmbare Größe dar.[273] Um diesem Wert annähernd gerecht zu werden, sollte als Ersatz ein breiter Index angewendet wer-den. Für inländische Alternativanlagen bietet sich dafür der CDAX an, für welt-weite Alternativanlagen dagegen der MSCI World Index.[274] Diese Ersatzgrößen können zwangsläufig nur einen Teil des gesamten Marktportfolios abbilden.[275] Je nach Wahl dieser Ersatzgrößen ergeben sich Ermessensspielräume, die sich je nach Wahl auf den zu ermittelnden Betafaktor und damit auf den Diskontierungs-zinssatz auswirken.[276]

In der Kapitalmarkttheorie wird das gesamte Risiko durch die Standardabwei-chung der in der Periode gehaltenen Wertpapiere gemessen. Die Standardabwei-chung ergibt sich aus der Summe zweier Risikokomponenten. Diese umfassen zum einen das systematische, nicht diversifizierbare Marktrisiko, zum anderen das firmenspezifische, diversifizierbare Risiko.[277] Der Betafaktor erfasst lediglich das systematische, nicht diversifizierbare Risiko eines individuellen Unternehmens zum Kapitalmarktportfolio.[278] Er dient als Risikomaß im Vergleich zu einer Gruppe ähnlicher Unternehmen.[279] Der Betafaktor dient damit der Gewährleistung der Risikoäquivalenz der zu vergleichenden Unternehmen. Er setzt sich durch die Kovarianz der Rendite der Aktie des betrachteten oder eines vergleichbaren Un-ternehmens und der des Marktportfolios (σ_{iM}) dividiert durch die Varianz des Marktportfolios (σ_M^2) zusammen.[280] Formal ist der Betafaktor durch folgende Gleichung definiert:

$$(2) \qquad\qquad \beta_i = \frac{\sigma_{iM}}{\sigma_M^2}$$

[272] Vgl. Kruschwitz/Löffler (2008), S. 808.
[273] Vgl. Hayn (2003), S. 421.
[274] Vgl. Hachmeister/Ruthardt (2012), S. 187.
[275] Vgl. Hayn (2003), S. 421.
[276] Vgl. Dörschell/Franken/Schulte (2009), S. 145.
[277] Vgl. Kiholm Smith/Smith/Bliss (2011), S. 355.
[278] Vgl. Hachmeister/Ruthardt (2012), S. 186.
[279] Vgl. Festel (2010), S. 177.
[280] Vgl. IDW S 1 (2008), Tz. 121.

Grundsätzlich kann der Betafaktor anhand fundamentaler in die Zukunft gerichteter oder vergangener Kapitalmarktdaten ermittelt werden.[281] Bei der Bewertung eines börsennotierten Unternehmens kann der Betafaktor mittels linearer Regression ermittelt werden. Bei Vorhandensein einer Gruppe geeigneter Vergleichsunternehmen, einer sogenannten Peer Group, wird der Betafaktor anhand des Durchschnittswertes ermittelt,[282] vorausgesetzt dass die Peer Group ein vergleichbares systematisches Risiko im Vergleich zum Bewertungsobjekt aufweist.[283] Allerdings müsste dazu das systematische Risiko des Bewertungsobjektes bekannt sein. Wäre dies jedoch bekannt, müsste nicht mehr auf eine Vergleichsgröße zurückgegriffen werden.[284] Folglich wird eine Peer Group auf Basis mehrerer Kriterien, wie z.B. regionaler Aspekte, Branchenzugehörigkeit oder Tätigkeitsumfeld bestimmt.[285] Der Einsatz des CAPM zur Bestimmung der Eigenkapitalkosten ist im Fall einer fehlenden Börsennotierung der zu berücksichtigenden Unternehmen, die zur Bildung eines Marktportfolios sowie der Bestimmung des Betafaktors dienen, problematisch.[286]

Die Höhe des Betafaktors steht in positivem Zusammenhang mit dem systematischen Risiko der Anlage und der damit einhergehenden Rendite. Weist der Betafaktor den Wert eins auf, gleicht das Risiko des Wertpapiers dem des Marktes und wird genau dessen Rendite erbringen. Ist der Wert größer bzw. kleiner als eins, besteht ein höheres bzw. niedrigeres Risiko der Anlage im Vergleich zum Markt und muss deshalb eine größere bzw. geringere Rendite erwirtschaften.[287] Insgesamt hat die Höhe des Betafaktors einen enormen Einfluss auf die Höhe der Eigenkapitalkosten und damit auf den Unternehmenswert.[288]

Das CAPM unterliegt keiner uneingeschränkten Akzeptanz. Seine Annahmen entsprechen zum Teil nicht der Realität, die Ermittlung der einzelnen Parameter

---

[281] Vgl. Hachmeister/Ruthardt (2012), S. 187.
[282] Vgl. Dörschell/Franken/Schulte (2009), S. 122.
[283] Vgl. Hachmeister/Ruthardt (2012), S. 188.
[284] Vgl. Hayn (2003), S. 426.
[285] Vgl. Dörschell/Franken/Schulte (2009), S. 260.
[286] Vgl. Engel (2003), S. 247.
[287] Vgl. Hachmeister/Ruthardt (2012), S. 187.
[288] Vgl. Festel (2010), S. 177.

unterliegt einer Vielzahl von Ermessensspielräumen und das Modell basiert auf einem Zustand, in dem die eigentliche Bewertungsaufgabe bereits gelöst ist. Trotz der Kritik führt das CAPM dennoch zu einer gewissen Transparenz über den Risikozuschlag im Vergleich zur Alternativanlage. Das CAPM wird dominierend gegenüber anderen Modellen eingesetzt, weil es bisher keine bessere Alternative gibt.[289] Eine Alternative zur Ermittlung des risikoangepassten Kapitalisierungszinssatzes wäre beispielsweise die Arbitrage Pricing Theory (APT), die sich im Vergleich zum CAPM durch die Anzahl der zu berücksichtigenden Faktoren und durch einen anderen Erklärungsansatz unterscheidet.[290] Des Weiteren kommen noch Regressionsmodelle zur Berechnung der Risikoprämie in Frage.[291]

4.3 Besonderheiten des Diskontierungszinssatzes bei Start-Ups

Bei Start-Ups wird die Prognose der Zukunftserfolge durch die Gründer im Businessplan während der Finanzplanung festgehalten. Auf der Basis dieser Werte findet dann die Unternehmensbewertung statt. Die Zukunftswerte sind allerdings durch die Gründer häufig zu optimistisch bewertet.[292] Problematisch ist dabei, dass es unmöglich ist, eine exakte Vorhersage der Erträge oder Cashflows zu generieren. Da diese Größen bei Start-Ups im Zeitablauf sehr volatil sind, ist dessen Vorhersage sehr schwierig[293] und daher mit großer Unsicherheit verbunden.

Start-Ups sind in ihrer Entwicklung in hohem Maße einem Risiko ausgesetzt, das im Zeitablauf nicht konstant ist, sondern mit der Lebenszyklusphase variiert. Der Verlauf des Risikos ist damit abhängig von der Entwicklungsphase, in der sich ein Start-Up befindet. Es besteht Ungewissheit über den Erfolg bzw. Misserfolg des Unternehmens und Unkenntnis über die Fähigkeiten des Managements. Periodenspezifische Kapitalkosten sind daher anzuwenden, um die zukünftige Risikover-

---

[289] Vgl. Hachmeister/Ruthardt (2012), S. 187.
[290] Vgl. Hayn (2003), S. 431.
[291] Vgl. Festel et al. (2009), S. 385.
[292] Vgl. Festel (2012); Festel (2010), S. 176.
[293] Vgl. Kiholm Smith/Smith/Bliss (2011), S. 342.

änderung und die aktuelle Entwicklungsphase erfassen zu können.[294] Folglich variieren die geforderten Kapitalkosten mit der Investitionsphase.[295]

In der Praxis werden die Besonderheiten von Start-Ups durch Zu- oder Abschläge des Betafaktors innerhalb des Bewertungsprozesses berücksichtigt. Infolge dessen kommt dem Betafaktor eine bedeutende Rolle zu.[296] Für Investoren umfasst der Betafaktor die wahrgenommenen oder vermuteten Risiken des individuellen Unternehmens.[297] Problematisch ist dabei die Bestimmung des Betafaktors, da aufgrund der Einzigartigkeit von Start-Ups zumeist weder notwendige passende Vergleichsunternehmen[298] noch Vergangenheitswerte zur Herleitung des Betafaktors vorhanden sind.[299] Der Vergleich mit etablierten Unternehmen wäre nicht sinnvoll, da die Risikolage eine ganz andere ist.[300] Durch die fehlende Börsennotierung und die mangelhafte Datenverfügbarkeit von Vergangenheitswerten ist die Ermittlung des Betafaktors eines Start-Ups durch historische Daten nicht möglich.[301] Grund dafür ist, dass das CAPM die Handelbarkeit des zu bewertenden Unternehmens und somit dessen Liquidität unterstellt. Diese Annahme ist jedoch bei nichtbörsennotierten Unternehmen nicht gegeben.[302] Allerdings ist die Ableitung des Betafaktors durch börsennotierte Vergleichsunternehmen, einer sogenannten Peer Group, möglich.[303] Dabei ist der Verschuldungsgrad bzw. die Kapitalstruktur zwischen der Peer Group und dem zu bewertenden Start-Up in der Regel nicht identisch. Dieser Unterschied muss entsprechend angepasst werden, da die Kapitalstruktur einen erheblichen Einfluss auf das Unternehmensrisiko ausübt und sich deshalb auf den Betafaktor auswirkt.[304] Der Betafaktor wird aus den operativen Risiken der Geschäftstätigkeit und den finanziellen Risiken aus dem Ver-

---

[294] Vgl. Schwall (2001), S. 281.
[295] Vgl. Titman/Martin (2008), S. 328.
[296] Vgl. Festel (2010), S. 175.
[297] Vgl. Festel (2010), S. 175.
[298] Vgl. Behringer (2004), S. 328.
[299] Vgl. Festel (2010), S. 177.
[300] Vgl. Behringer (2004), S. 328.
[301] Vgl. Hayn (2003), S. 425 f.
[302] Vgl. Bark (2011), S. 127.
[303] Vgl. Hayn (2003), S. 425 f.
[304] Vgl. Bark (2011), S. 127.

schuldungsgrad des Unternehmens beeinflusst.[305] Zur Anpassung der Kapitalstruktur wird die Kapitalstruktur des zu bewertenden Unternehmens in die, mit
den Daten der Peer Group, geschätzte Prognosegleichung eingesetzt.[306] Die Kapi-
talstrukturanpassung erfolgt, indem die ermittelten Betafaktoren verschuldeter
Unternehmen der Peer Group in die von fiktiv unverschuldeten Unternehmen
transformiert werden, wodurch lediglich das operative Risiko dargestellt wird.
Der durchschnittliche Betafaktor wird dann in einem nächsten Schritt an das Ka-
pitalstrukturrisiko   des   Start-Ups   angepasst.[307]   Die   häufigsten   Beta-
Anpassungsformeln sind die von Modigliani & Miller, Harris & Pringle und Miles
& Ezzell.[308] Die Ableitung des Betafaktors durch eine Peer Group ist auch dann
sinnvoll, wenn ein Start-Up erst vor kurzem an die Börse gegangen sein sollte,
weil bis dahin erst wenige und damit ungenügend Vergangenheitswerte vorliegen.[309]

Allerdings ist der Aussagegehalt des Betafaktors problematisch, da es sich bei
Start-Ups um neue innovative Unternehmen handelt und damit nur eine begrenzte
Anzahl von für die Zukunft aussagefähigen Vergangenheitsdaten der Vergleichsunternehmen existiert.[310] Die geschätzten Betafaktoren sind daher oft mangelhaft.[311] Dazu gibt es in Theorie und Praxis keine konkreten Hinweise auf die Zusammensetzung der Peer Group. Es ist dem Bewerter überlassen, welche Anzahl
an Unternehmen und welche Kriterien die Peer Group aufweist.[312] Allein dadurch
ergeben sich erhebliche Ermessensspielräume bei der Ermittlung der Risikoprämie. Insgesamt kann deshalb mittelbar kein eindeutiger Kapitalisierungszinsfuß
abgeleitet werden.[313]

---

[305] Vgl. Hachmeister/Ruthardt (2012), S. 188.
[306] Vgl. Bark (2011), S. 128.
[307] Vgl. Hachmeister/Ruthardt (2012), S. 188.
[308] Vgl. Hachmeister/Ruthardt (2012), S. 189.
[309] Vgl. Hayn (2003), S. 426.
[310] Vgl. Hayn (2003), S. 426.
[311] Vgl. Hayn (2003), S. 427.
[312] Vgl. Bark (2011), S. 128.
[313] Vgl. Hayn (2003), S. 430.

4.4 Der Diskontierungszinssatz im Rahmen der klassischen Gesamt-bewertungsverfahren

Im Ertragswertverfahren entspricht der Diskontierungszinssatz laut IDW S 1 der Rendite einer Alternativanlage gegenüber der tatsächlich getätigten Investition.[314] Im Unterschied zum Ertragswertverfahren werden dagegen beim DCF-Verfahren die gewogenen durchschnittlichen Kapitalkosten (WACC) des Bewertungsobjektes als Diskontierungszinssatz verwendet. Hier stehen die Mindestverzinsung der Eigen- und Fremdkapitalgeber im Vordergrund. Die Renditeerwartungen der Eigenkapitalgeber basieren auf dem CAPM.[315] Die WACC setzen sich unter Abstraktion von Steuern und Mischformen der Finanzierung folgendermaßen zusammen.[316]

(3)
$$WACC = r_{FK} * \frac{FK}{GK} + r_{EK} * \frac{EK}{GK}$$

r_{FK} entsprechen den Fremdkapitalkosten; r_{EK} den Eigenkapitalkosten des zu bewertenden Unternehmens; GK dem Gesamtkapital; EK dem Eigenkapital und FK dem Fremdkapital. Infolge des Entity Ansatzes gilt Eigenkapital ist gleich Gesamtkapital abzüglich Fremdkapital. Das Gesamtkapital setzt sich aus Eigen- und Fremdkapital zusammen.

Hier besteht neben dem vorher erläuterten Problem der Ermittlung eines geeigneten Betafaktors das Zirkularitätsproblem.[317] Die Kenntnis des Eigenkapitals ist erforderlich, das eigentlich ja erst durch die Bewertung berechnet werden soll. Deshalb ist ein iterativer Prozess notwendig.[318] Die Berechnung des WACC benötigt die Kenntnis über Eigen- und Fremdkapital, um dann schließlich den Unternehmenswert bestimmen zu können. Die Kenntnis über die Unsicherheit des Eigen- und Fremdkapitals ist bei Start-Ups noch höher als bei etablierten Unterneh-

---

[314] Vgl. IDW S 1 (2008), Tz. 114.
[315] Vgl. Behringer (2004), S. 104.
[316] Vgl. Behringer (2004), S. 104.
[317] Vgl. Rudolf/Witt (2002), S. 85.
[318] Vgl. WP Handbuch (2008), Rn. A 348 & Rn. A 360.

men. Dazu wird bei der Ermittlung des WACC von einer konstanten Kapitalstruktur ausgegangen, von der bei Start-Ups wiederum nicht ausgegangen werden kann.[319] Der Kapitalisierungszinssatz dient dazu, die Kapitalkosten des Start-Ups wider zu spiegeln. Da Start-Ups gewöhnlich vollständig durch Eigenkapital finanziert sind, sind die Kapitalkosten identisch mit den Eigenkapitalkosten.[320] Diese setzen sich nach Gleichung (1) zusammen. Die Kapitalstruktur ändert sich erst im Laufe des Unternehmenslebenszyklus, sobald andere Finanzierungsalternativen realisierbar werden.

Die Berücksichtigung von Wachstum ist abhängig vom jeweiligen Bewertungsverfahren. In den klassischen Gesamtbewertungsverfahren erfolgt die Berücksichtigung des Wachstums durch einen Abschlag des Kapitalisierungszinsfußes.[321] Aufgrund der Finanzierungsstruktur des zu bewertenden Unternehmens unterscheidet sich der Wachstumsabschlag im Ertrags- und DCF-Verfahren, der sich jeweils auf die Eigenkapitalkosten bzw. die WACC bezieht. Deshalb sollte der Wachstumsabschlag nicht losgelöst von der zu kapitalisierenden Zählergröße berücksichtigt werden. Dieses Abhängigkeitsverhältnis wird allerdings oft vernachlässigt.[322] Die Höhe des Wachstumsabschlages erfolgt individuell im konkreten Bewertungsfall angewendeten Bewertungsverfahren und stets in Abhängigkeit von der Zählergröße.[323] Auch hier unterliegt der Wert hohen Ermessensspielräumen. Laut IDW S 1 müssen bei der Prognose der finanziellen Überschüsse insbesondere die nachhaltige Markt- und Wettbewerbsfähigkeit, die Ressourcenverfügbarkeit, die interne Organisation und die Finanzierbarkeit des Wachstumsunternehmens berücksichtigt werden. Die Besonderheiten schnell wachsender Unternehmen sind in der Risikoprämie und dem Wachstumsabschlag hinreichend zu berücksichtigen.[324]

---

[319] Vgl. Rieg (2004), S. 242.
[320] Vgl. Festel (2012); Festel (2010), S. 176.
[321] Vgl. Tinz (2010), S. 53.
[322] Vgl. Tinz (2010), S. 62.
[323] Vgl. Tinz (2010), S. 63.
[324] Vgl. IDW S 1 (2008), Tz. 148.

4.5 Der Diskontierungszinssatz im Rahmen der Venture Capital Methode

Der Unternehmenswert wird bei der Verwendung der Venture Capital Methode größtenteils von der Zielrendite des Venture Capitalists bestimmt. Dies resultiert daraus, dass die Zielrendite dem hier zu verwendenden Diskontierungszinssatz entspricht.[325] Dabei wenden Venture Capitalists im Allgemeinen einen eher höheren Diskontierungszinssatz an.[326] Die folgenden drei Faktoren begründen den Einsatz der hohen Zielrenditen.[327]

Zum einen ist die Bestimmung des Diskontierungszinssatzes und damit der Zielrendite auf eine Liquiditätsprämie zurückzuführen. Eine Venture Capital Gesellschaft bindet ihr Kapital für einen relativ langen Zeitraum. Innerhalb dieser Zeit ist es für die Gesellschaft aufgrund des fehlenden Marktes in der Regel nicht möglich, ihre Beteiligung zu einem angemessenen Wert zu verkaufen. Dadurch kann die hohe Zielrendite zu einem Teil durch die illiquide Beteiligung gerechtfertigt werden.[328] Sie dient der Kompensation für die Bereitstellung der finanziellen Mittel.[329]

Neben der Liquiditätsprämie spielt der Faktor für die Kompensation für den Mehrwert durch das Investitionsengagement des Venture Capitalists eine Rolle.[330] Hier werden die nicht finanziellen Leistungen der Venture Capital Gesellschaften, wie z.B. wertvolle Unternehmens- und Rechtsberatung sowie wichtige Geschäftsbeziehungen, berücksichtigt.[331] Falls es sich um eine angesehene Venture Capital Beteiligung handelt, besteht neben den genannten Unterstützungsleistungen auch der Vorteil der Steigerung der Glaubwürdigkeit und Reputation des Start-Ups.

---

[325] Vgl. Achleitner/Nathusius (2004), S. 167.
[326] Vgl. Titman/Martin (2008), S. 328.
[327] Vgl. Achleitner (2001), S. 930.
[328] Vgl. Achleitner (2001), S. 930.
[329] Vgl. Titman/Martin (2008), S. 328; Kruschwitz/Löffler (2008), S. 805.
[330] Vgl. Achleitner (2001), S. 930.
[331] Vgl. Titman/Martin (2008), S. 331.

Dieser positive Effekt kann zu einer weiteren Kapitalbereitstellung durch andere Venture Capitals führen.[332]

Der dritte Faktor zur Bestimmung des Diskontierungszinssatzes erfolgt durch eine Cashflow Adjustierung, die zur Kompensation des Ausfallrisikos dient. [333] Für die Übernahme unsystematischen Risikos kann der Venture Capitalist keine Kompensation erwarten, da dieses diversifiziert werden kann. Die Bewertung bezieht sich daher nur auf das systematische Risiko.[334] Zusätzlich soll die Cashflow Adjustierung als Ausgleich der von den Gründern meist sehr optimistisch prognostizierten Cashflows dienen.[335]

Die Kapitalkosten geben die Opportunitätskosten für das bereitgestellte Kapital wider und werden durch alternative Investitionen bestimmt.[336] Der Diskontierungszinssatz wird neben den Risikofaktoren auch durch Angebot und Nachfrage nach Kapital bestimmt.[337] Insgesamt spiegelt der Diskontierungszinssatz die spezifische Renditevorstellung des Venture Capitalists wider.[338] Die Renditeerwartung und das empfundene Risiko der Venture Capital Gesellschaften kommen hier zum Ausdruck.[339] Wie in der Abbildung 3 dargestellt, nimmt der Diskontierungszinssatz im Zeitablauf ab.[340] Gründe dafür sind, dass im Unternehmensentwicklungsprozess die benötigte Beratung abnimmt,[341] eine bessere Prognose der Cashflows möglich ist,[342] damit auch das systematische Risiko abnimmt und sich die benötigte Kapitalbereitstellung ebenfalls verringert. Außerdem nehmen im Zeitablauf das Problem der Datenbeschaffung und allgemein unternehmensbezogene Risikofaktoren ab.[343]

---

[332] Vgl. Achleitner (2001), S. 930.
[333] Vgl. Achleitner (2001), S. 930.
[334] Vgl. Walter (2003), S. 139.
[335] Vgl. Titman/Martin (2008), S. 328.
[336] Vgl. Titman/Martin (2008), S. 329.
[337] Vgl. Titman/Martin (2008), S. 331.
[338] Vgl. Achleitner/Nathusius (2004), S. 151.
[339] Vgl. Festel (2012).
[340] Vgl. Walter (2003), S. 137.
[341] Vgl. Walter (2003), S. 137.
[342] Vgl. Walter (2003), S. 138.
[343] Vgl. Walter (2003), S. 173.

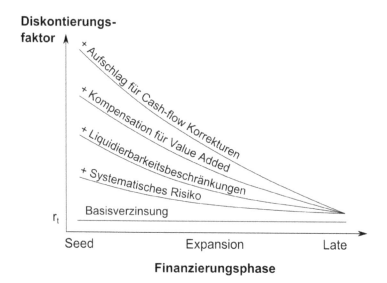

Abbildung 3: Zusammensetzung des Diskontierungszinssatzes[344]

---

[344] Vgl. Walter (2003), S. 137.

5. Grenzen und Erweiterungsmöglichkeiten der Bewertungsverfahren für Start-Ups

5.1 Zwischenfazit zu den diskutierten Bewertungsverfahren

Klassische Bewertungsverfahren sind unter der Annahme eines Going Concern Unternehmens mit einer Historie von Umsätzen und Erträgen aufgestellt.[345] Insgesamt besteht infolge der nicht existierenden Unternehmenshistorie von Start-Ups das Problem der mangelhaften Daten- und Informationsverfügbarkeit innerhalb der Unternehmensbewertung. Der Wert eines Start-Ups liegt in der Möglichkeit der Realisation von Wachstum und damit der langfristigen Erwirtschaftung positiver Cashflows.[346] Allerdings ist die Prognose von Wachstum und Risiko eines Start-Ups nur sehr schwer möglich und unterliegt einem hohen Maß an Subjektivität. Der Beitrag von Festel (2012) mit dem Titel „Bewerten, was erst im Entstehen ist"[347] unterstreicht die Bewertungsproblematik von Start-Ups.

Der Einsatz der diskutierten Bewertungsverfahren wird bei der Bewertung von Start-Ups durch die Einzigartigkeit dieser Unternehmen, deren Agieren in äußerst unvollkommenen Märkten und durch die Prognose der zukünftigen Erträge erschwert.[348] Die Anwendung des Ertragswertverfahrens, des DCF-Verfahrens und des Realoptionsansatzes scheitern bei Start-Ups, weil die Annahme des CAPM eines vollkommenen Kapitalmarkts nicht gegeben ist.[349] Des Weiteren gehen alle diskutierten Bewertungsverfahren bis auf den Realoptionsansatz von positiven Cashflows aus. Das entspricht nicht der Situation, in der sich die meisten Wachstumsunternehmen befinden.[350] Insgesamt bestehen bei all diesen Verfahren, abgesehen vom Multiplikatorverfahren, die Probleme der Prognose zukünftiger Erfolgsgrößen und damit der Annahme über das Wachstum sowie der Bestimmung

---

[345] Vgl. Audretsch/Link (2012), S. 139.
[346] Vgl. Behringer (2012), S. 311.
[347] Vgl. Festel (2012).
[348] Vgl. Brösel/Matschke/Olbrich (2012), S. 239.
[349] Vgl. Hering/Olbrich/Steinrücke (2006), S. 413.
[350] Vgl. Adams/Rudolf (2005), S. 197.

eines adäquaten Diskontierungszinssatzes, welcher das Risiko widerspiegelt.[351] Dadurch ergeben sich enorme Ermessensspielräume, wodurch der resultierende Unternehmenswert dann durch einen hohen Grad an Subjektivität geprägt ist. Der Einsatz von Multiplikatorverfahren für die Bewertung von Start-Ups versagt in der Regel auch, weil aufgrund der Charakteristika von Start-Ups keine vergleichbaren Unternehmen existieren. Da innerhalb der Venture Capital Methode auch auf das Multiplikatorverfahren zurückgegriffen wird, besteht hier dieselbe Problematik. Der Vorteil des Realoptionsansatzes besteht in der Berücksichtigung der Faktoren „Unsicherheit" und „Flexibilität", wodurch Chancen wie auch Risiken im Bewertungsprozess berücksichtigt werden können.[352] Jedoch wird dieser Ansatz in der Praxis aufgrund seiner hohen Komplexität kaum verwendet.[353]

Insgesamt erfüllt keines der Bewertungsverfahren alle Anforderungskriterien für eine Bewertung von Start-Ups. Da Start-Ups in der Early Stage zumeist Verluste erwirtschaften, ist deren Bewertung ein schwieriger und zumeist subjektiver Prozess,[354] da die Zukunftsprognosen lediglich auf Einschätzungen basieren.

Einen zusammenfassenden Überblick der vorstehend erläuterten Bewertungsverfahren über den Grad der Erfüllung der Anforderungskriterien für eine Start-Up Bewertung findet sich in Abbildung 4.

---

[351] Vgl. Girkinger/Purtscher (2006), S. 139.
[352] Vgl. Wupperfeld/Köglmayr (2007), S. 39.
[353] Vgl. Kapitel 3.3.3.
[354] Vgl. Achleitner (2001), S. 927.

Bewertungsverfahren / Kriterien	Klassische Verfahren			Situationsbezogene Verfahren
	Ertragswert- & DCF-Verfahren	Realoptionsansatz	Multiplikatorverfahren	Venture Capital Methode
Zukunftsorientierung	⊕	⊕	○	⊕
Abbildungsadäquanz — Verlustberücksichtigung	⊖	⊕	⊖	⊖
Abbildungsadäquanz — Erfassung immaterieller Vermögensgegenstände	○	○	⊖	○
Abbildungsadäquanz — Erfassung von Flexibilität	⊖	⊕	⊖	⊖
Abbildungsadäquanz — Chancen	⊖	⊕	⊖	⊖
Abbildungsadäquanz — Risiken	⊕	⊕	⊖	⊕
Praktikabilität	⊖	⊖	⊕	⊕
Akzeptanz	⊕	⊖	⊕	⊕

⊕ Ja   ⊖ Nein   ○ Bedingt

Abbildung 4: Matrix zum Vergleich verschiedener Bewertungsverfahren[355]

5.2 Einsatz der Bewertungsverfahren in der Praxis

Nach einer empirischen Studie des Center für Entrepreneurial and Financial Studies (CEFS) an der Technischen Universität München im Jahr 2004 über den Einsatz der Bewertungsmethoden bei Venture Capital Finanzierungen verwenden Venture Capitalists Bewertungsmethoden in Abhängigkeit von der Entwicklungsphase eines Start-Ups.[356] Da die Early Stage von extrem hoher Unsicherheit ge-

---

[355] In Anlehnung an Achleitner/Nathusius (2004), S. 191.
[356] Vgl. Achleitner/Nathusius (2004), S. 195.

prägt ist, da erst mal das Unternehmen gegründet werden muss, die Erstellung eines Produktkonzepts und die Analyse des Marktpotenzials erfolgen, wird in dieser Phase hauptsächlich die Venture Capital Methode verwendet. Zurückgeführt wird der Einsatz der Venture Capital Methode durch ihr einfaches Vorgehen und die vereinfachenden Annahmen.[357] In der Expansion Stage, die durch den Produktionsbeginn und den tatsächlichen Markteintritt gekennzeichnet ist, kommen häufig klassische Bewertungsverfahren zum Einsatz. Zwar besteht auch in dieser Phase noch ein hoher Grad an Unsicherheit, jedoch ist die Produktentwicklung schon fortgeschrittener und Planungen lassen sich schon eher plausibilisieren. Neben den Gesamtbewertungsverfahren werden auch marktorientierte Bewertungsverfahren verwendet, da davon ausgegangen wird, dass sich die Unternehmen im Zeitablauf etabliert haben und daher Vergleichsunternehmen am Kapitalmarkt besser zu finden sind.[358] Das Ergebnis der Studie ist, dass es kein bevorzugtes Bewertungsverfahren gibt. Vielmehr ist der Einsatz der Bewertungsmethoden von der Entwicklungsphase eines Unternehmens abhängig. Meistens werden mehrere Bewertungsverfahren simultan eingesetzt.[359]

5.3 Alternative Bewertungsverfahren

Mit dem Ziel der Bewertungsproblematik innerhalb von Start-Ups gerecht zu werden, sind im Lauf der Zeit weitere Bewertungsmodelle aufgestellt worden. Im Folgenden werden einige neue Ansätze zur Bewertung von Start-Ups kurz angerissen.

Eines davon ist das Modell von Schwartz und Moon (2001). Hier erfolgt die Abbildung von Wachstum durch ein stochastisches Modell in Form von Szenario Technik, um zukünftige unsichere Wachstumselemente berücksichtigen zu können. Grundgedanke ist, Werttreiber eines Unternehmens zu identifizieren und deren Entwicklung im Zeitablauf zu erfassen. Dabei werden die Fälle Insolvenz oder

---

[357] Vgl. Achleitner/Nathusius (2004), S. 196.
[358] Vgl. Achleitner/Nathusius (2004), S. 195 f.
[359] Vgl. Achleitner/Nathusius (2004), S. 201.

Erfolg eines Start-Ups als Randbedingungen beachtet. Überlebt das zu bewertende Unternehmen einen vorher definierten Zeitraum, der die Wachstumsphase abbildet, wird angenommen, dass das Unternehmen sich etabliert hat. Dieses Szenario wird durch eine Monte Carlo Simulation[360] mehrfach wiederholt. Daraus resultiert eine Wahrscheinlichkeitsverteilung möglicher Unternehmenswerte, wodurch sich ein Erwartungswert des Unternehmenswertes sowie dessen Varianz ableiten lässt.[361] Im Unterschied zu den klassischen Gesamtbewertungsverfahren wird nicht nur ein Unternehmenswert berechnet, sondern es lässt sich eine komplette Wertverteilung ableiten. Insgesamt handelt es sich allerdings um ein sehr komplexes Modell, da reale und werttreibende Effekte berücksichtigt werden.[362] Das Modell ist ähnlich zum Realoptionsansatz und weist dessen Stärken und Schwächen ebenfalls auf.

Ein weiteres Modell zur Start-Up Bewertung wurde von Faugère/Shawky (2005) aufgestellt. Hier erfolgt die Bewertung von Start-Ups unter der Annahme, dass deren Verlauf den Phasen des Industrie-Lebenszyklus gleicht. Es wird beachtet, dass Start-Ups zu Anfang durch wenig oder negatives Einkommen, geringen Absatz und großes Wachstum gekennzeichnet sind. Das Modell beachtet Verluste und geht von der Annahme aus, dass sich ein Unternehmen in der Wachstumsindustrie gleichermaßen wie eine S-Kurve entwickelt. Die S-Kurve bildet mehrere Phasen des Industrie-Lebenszyklus ab, wie der Einführungs-, Wachstums-, Reife- und Rückgangsphase, die durch Wendepunkte in der Wachstumsrate des Umsatzes definiert sind. Die Autoren gehen von einem neuen Ansatz aus, der beinhaltet, dass durch die Variable Umsatz die Reife des Unternehmens bestimmt wird, während sich die Variable der Vermögenswerte erst langsam mit den Umsätzen entwickelt. In der Einführungsphase benötigen Start-Ups externes Kapital und sind von Verlusten geprägt. Die Wachstumsphase ist durch die Generierung positiver Cashflows gekennzeichnet. Die Reife- und Rückgangsphase sind durch stagnierende bzw. rückgehende Wachstumsraten geprägt. Der traditionelle Industrie-Lebenszyklus nimmt dagegen steigende Erträge und Umsätze im Laufe der Zeit

---

[360] Vgl. zur Monte Carlo Simulation Coenenberg (1970), S. 799.
[361] Vgl. Adams/Rudolf (2005), S. 202.
[362] Vgl. Adams/Rudolf (2005), S. 210.

an. Das Wachstumspotenzial wird in ihrer Formel so erfasst, dass die Daten von zwei Schlüsselphasen im Lebenszyklus integriert werden, zum einen durch die Phase, in der sich die größte Firma in der betrachteten Industrie befindet, zum anderen durch die Phase der Firma, die sich gerade am Wendepunkt der Einführungs- in die Wachstumsphase befindet. Das Modell ist gut für Unternehmen geeignet, die wenig Aktiva und Umsätze haben. Dies spricht dafür, es für die Bewertung von Start-Ups einzusetzen. Ein Schwachpunkt ist, dass nur finanzielle Vermögenswerte beachtet werden. Nicht finanzielle Vermögenswerte werden missachtet, obwohl diese eine wichtige Rolle in der Start-Up Bewertung spielen.[363] Der Test des Modells anhand von Vergangenheitsdaten ergibt jedoch kein zufriedenstellendes Ergebnis.

Hering/Olbrich/Steinrücke (2006) gehen dagegen davon aus, dass die Schwierigkeit der Entscheidungswertorientierten Bewertung von Start-Ups weniger in der Wahl eines geeigneten Bewertungsverfahren liegt, sondern vielmehr in der Bestimmung der Zukunftswerte auf Basis einer Due Dilligence.[364]

Ein weiteres Modell nach Brösel/Matschke/Olbrich (2012) empfiehlt zur Start-Up Bewertung die Functional Valuation Theory (FVT) einzusetzen. Durch sie können die Charakteristika von Start-Ups besser in die Bewertung integriert werden, insbesondere wenn die Monte Carlo Simulation verwendet wird.[365] Die Functional Valuation Theory differenziert den Unternehmenswert anhand des jeweiligen Bewertungszwecks. Hier spielt der Entscheidungswert eine wichtige Rolle, der z.B. durch den maximalen Preis definiert ist, den der Käufer zahlen kann bzw. zu zahlen bereit ist oder durch den minimalen Preis, den der Verkäufer akzeptieren kann, ohne ein nachteiliges Geschäft zu machen. Durch die Monte Carlo Simulation wird die/das immense Unsicherheit/Risiko abgeschätzt. Sie ersetzt die Berechnung der Risikoprämie anhand des klassischen CAPM, da dieses auf unrealistischen Annahmen basiert.[366] Jedoch ist auch dieses Modell aufgrund der Zukunfts-

---

Vgl. Faugère/Shawky (2005), S. 103 f.
Vgl. Hering/Olbrich/Steinrücke (2006), S. 406.
Vgl. Brösel/Matschke/Olbrich (2012), S. 239.
Vgl. Brösel/Matschke/Olbrich (2012), S. 253.

orientierung mit Unsicherheit behaftet. Außerdem handelt es sich hierbei um ein sehr komplexes Modell.

Insgesamt handelt es sich bei den hier kurz vorgestellten alternativen Bewertungsverfahren um neue Ansätze, die allerdings auch nicht vollständig die Anforderungskriterien an die Start-Up Bewertung erfüllen können.

6. Thesenförmige Zusammenfassung

Die Charakteristika von Start-Ups erschweren deren Bewertung im Vergleich zur ohnehin schon komplexen Bewertung etablierter Unternehmen zusätzlich. Die daraus resultierende Bewertungsproblematik erfordert eine Untersuchung klassischer und neuer Bewertungsmethoden auf ihre Eignung, der Bewertung von Start-Ups gerecht zu werden. Problematisch ist dabei die zur Unternehmensbewertung notwendige Prognose von Zukunftsgrößen und Bestimmung des Diskontierungszinssatzes.

Start-Ups stellen kleine, nicht börsennotierte, neu gegründete, sich gerade in der Entstehungsphase befindende und innovative Geschäftsideen verfolgende Unternehmen dar. Ihr Sortiment umfasst ein bis wenige innovative Produkte. Die mit Innovationen einhergehenden aufwendigen Forschungs- und Entwicklungstätigkeiten erfordern einen hohen Kapitalbedarf. Zunächst weisen Start-Ups knappe personelle und finanzielle Ressourcen auf. In der Regel wird der Kapitalbedarf in der Early Stage hauptsächlich durch Venture Capital Gesellschaften gedeckt. Im Zeitablauf können sich neben der Eigenkapitalfinanzierung weitere Finanzierungsalternativen, wie z.B. der Fremdkapitalfinanzierung ergeben. Der Chance auf zukünftig überproportionales Wachstum steht ein sehr hohes Unternehmensrisiko entgegen.

Die Prognose der Zukunftsgrößen wird gerade in der Anfangsphase von Start-Ups weiter erschwert durch bestehende Verluste, fehlende Vergangenheitswerte, einen hohen Anteil immaterieller Vermögenswerte sowie der starken Abhängigkeit von den Bedingungen externer Kapitalgeber. Die Bestimmung des Diskontierungszinssatzes gestaltet sich als problematisch wegen fehlender Börsennotierung und Vergangenheitswerte. Insgesamt liegt die Herausforderung in der Berücksichtigung zukünftiger Chancen und Risiken. Deren Prognose ist allerdings mit hohen Unsicherheiten verbunden.

Die Untersuchung der klassischen und situationsbezogenen Bewertungsverfahren ergibt, dass keines davon alle Anforderungskriterien für eine Start-Up Bewertung erfüllen kann. Die Anforderungskriterien umfassen die Zukunftsorientierung, Abbildungsadäquanz, Praktikabilität und Akzeptanz der Bewertungsverfahren. Von den in Kapitel 3 aufgeführten Bewertungsverfahren, ausgenommen dem Multiplikatorverfahren, wird das Kriterium der Zukunftsorientierung erfüllt. Bis auf den Realoptionsansatz können Verluste nicht ohne weiteres von den Bewertungsverfahren im Bewertungsprozess berücksichtigt werden. Die Erfassung immaterieller Vermögenswerte kann in keiner Bewertungsmethode vollständig erfasst werden. Das Kriterium der Erfassung von Flexibilität und damit der Erfassung von Chancen und Risiken kann lediglich vom Realoptionsverfahren erfüllt werden. Das Multiplikatorverfahren und die Venture Capital Methode können diese Anforderung nicht erfüllen. Das Ertragswert- und DCF-Verfahren kann das bedingt. Mit Ausnahme des Multiplikatorverfahrens können subjektive Faktoren von den Bewertungsverfahren im Bewertungsprozess berücksichtigt werden. Das Kriterium der Praktikabilität wird nur vom Multiplikatorverfahren und der Venture Capital Methode erfüllt. Allerdings unterliegen alle Verfahren mit Ausnahme des Realoptionsansatzes einer hohen Akzeptanz. Zu den Details der Eignung einzelner Verfahren siehe Kapitel 5.1.

Die Höhe des Diskontierungszinssatzes ist indirekt proportional zum Unternehmenswert und sollte in Abhängigkeit mit dem Grad an Unsicherheit der Zukunftsgrößen stehen. Zur Erfassung des Risikos wird die kapitalmarktorientierte Ermittlung des Diskontierungszinssatzes anhand der Risikozuschlagsmethode gegenüber der Sicherheitsäquivalenzmethode vorgezogen. Die Herleitung des Diskontierungszinssatzes basiert auf der Gleichung des CAPM, die sich aus dem risikolosen Basiszinssatz plus einem Risikozuschlag zusammensetzt. Dabei variiert die Ermittlung des Diskontierungszinssatzes je nach Einsatz des Bewertungsverfahrens. Im Ertragswertverfahren entspricht der Diskontierungszinssatz der Rendite einer Alternativanlage. Im DCF-Verfahren werden zu deren Ermittlung dagegen die WACC des Bewertungsobjektes verwendet. Allerdings entsprechen die WACC bei Start-Ups den Eigenkapitalkosten, da diese gewöhnlich vollständig eigenfinanziert sind. Bei der Venture Capital Methode basiert die Ermittlung des Diskontierungszinssatzes auf subjektiven Größen, wie z.B. den Erfahrungswerten.

Dem Betafaktor kommt innerhalb der Bestimmung des Diskontierungszinssatzes eine bedeutende Rolle zu, weil er das systematische, nicht diversifizierbare Risiko erfasst. Die Ermittlung des Betafaktors ist oft mangelhaft, da keine oder nur wenige Vergleichsunternehmen zur Verfügung stehen. Fehlende Vergangenheitsdaten und Börsennotierung verbieten die alternativ einsetzbare lineare Regression. Insgesamt kann daher kein eindeutiger Kapitalisierungszinsfuß ermittelt werden. In der Praxis werden wahrgenommene und vermutete Risiken eines Start-Ups durch entsprechende Anpassungen in Form von Zu- oder Abschlägen des Betafaktors berücksichtigt.

Die Investition in ein Start-Up ist sehr risikoreich. Der Erfolg oder Misserfolg wird erst im Laufe der Entwicklungsphase des Start-Ups erkennbar. Daher sollte eine Unternehmensbewertung kontinuierlich erfolgen und bei positiver Entwicklung abnehmende Risiken durch phasenweise Senkung des Diskontierungszinssatzes berücksichtigt werden und vice versa. Weiterhin nehmen bei positiver Start-Up Entwicklung im Laufe der Zeit materielle Vermögenswerte zu, wodurch sich die Unternehmensbewertung aufgrund der sich entwickelnden Historie von Aktiva und damit der Abnahme an Unsicherheit der Zukunftsprognose vereinfacht. Für eine realistische Bewertung von Start-Ups ist es unabdingbar, ihre Chancen wie auch Risiken mit in die Bewertung einzubeziehen. Deshalb sollten ergänzend zu den Ertragswert- und DCF-Verfahren, die lediglich negative Auswirkungen eingegangener Risiken erfassen können, unbedingt Realoptionsverfahren zum Einsatz kommen. Wachstumsoptionen und damit Chancenpotenziale müssen zwingend mit in die Start-Up Bewertung einbezogen werden, da ihre Missachtung über den in diesem Fall zu hohen Diskontierungszinssatz zu einem zu geringen Unternehmenswert führen würde. Die meisten Bewertungsverfahren gehen von positiven Cashflows des zu bewertenden Unternehmens aus. Diese Annahme wird den Merkmalen von Start-Ups nicht gerecht,[367] da sie in der Anfangsphase überwiegend Verluste aufweisen.

Das zentrale Problem der Unternehmensbewertung besteht in der Bestimmung zukünftiger Erfolgs- und Risikogrößen. Durch das dynamische Marktumfeld wird es schwieriger Start-Ups zu bewerten als etablierte Unternehmen.[368] Eine der größten Herausforderungen ist die Unternehmenswertbestimmung von Start-Ups zu Beginn der Lebenszyklusphasen begründet in fehlenden Orientierungswerten aus Vergangenheitsdaten.[369] Die Bewertung junger Unternehmen basiert daher auf subjektiven Einschätzungen zukünftiger Chancen und Risiken. Auch alternative

---

[367] Vgl. Adams/Rudolf (2005), S. 197.
[368] Vgl. Krings/Diehm (2001), S. 1136.
[369] Vgl. Hering/Olbrich/Steinrücke (2006), S. 407.

Bewertungsverfahren können die bestehende Bewertungsproblematik von Start-Ups nicht lösen.

Die Schwächen der klassischen und situationsbezogenen Bewertungsmethoden sind nicht zu eliminieren, nehmen aber in der Start-Up Entwicklung ab. Die Unternehmensbewertung etablierter Unternehmen mit einem hohen Anteil materieller Vermögensgegenstände ist leichter als die von Start-Ups mit einem hohen Anteil immaterieller Vermögensgegenständen.[370] Die Prognose von Zukunftsgrößen lässt sich durch die dann vorhandene Unternehmenshistorie mit einem geringeren Maß an Unsicherheit bestimmen. Die ursprüngliche Einzigartigkeit eines Start-Ups kann im Laufe der Zeit durch das Aufkommen von Wettbewerbern verloren gehen. Dadurch wird die Möglichkeit, vergleichbare Unternehmen zu finden, vergrößert.

Die Kunst der Unternehmensbewertung liegt in der richtigen Gewichtung der Bedeutung der Informationen innerhalb der Bewertungsmethode, um einen Rückschluss auf den Unternehmenswert zu erlangen.[371] Aufgrund der bei allen Verfahren bestehenden Kritikpunkte sollten unterschiedliche Bewertungsverfahren parallel zum Einsatz kommen. Je ähnlicher die Ergebnisse unterschiedlicher Bewertungsmethoden sind, desto höher ist die Bewertungssicherheit. Außerdem werden die Defizite einzelner Bewertungsverfahren durch den Einsatz vieler Methoden relativiert.[372]

Keine der Bewertungsmethoden kann die Anforderungskriterien für eine Start-Up Bewertung vollständig erfüllen. Zudem existieren auch keine geeigneteren alternativen Bewertungsverfahren. Die einzige mögliche Modifizierung der klassischen und situationsbezogenen Bewertungsverfahren besteht in der phasenweisen Anpassung des Betafaktors. Insgesamt kann die Bewertung von Start-Ups nie gänzlich frei von subjektiven Einschätzungen der Bewerter sein. Eine betriebs-

---

[370] Vgl. Ehrhardt/Merlaud (2004), S. 784.
[371] Vgl. Kiholm Smith/Smith/Bliss (2011), S. 342.
[372] Vgl. Krings/Diehm (2001), S. 1136.

wirtschaftlich exakte Bestimmung des Unternehmenswertes eines Start-Ups ist methodisch und inhaltlich letztendlich unmöglich.[373]

---

[373] Vgl. Girkinger/Purtscher (2006), S. 138.

Literaturverzeichnis

A. Monographien, Beiträge in Handbüchern und anderen Sammelwerken sowie Artikel in Periodika

Achleitner, Ann-Kristin (2001): Start-up-Unternehmen: Bewertung mit der Venture-Capital-Methode, in: Betriebs Berater, Heft 36, S. 927- 933.

Achleitner, Ann-Kristin/Nathusius, Eva (2003): Bewertung von Unternehmen bei Venture-Capital-Finanzierungen, in: EF Working Paper Series, No. 02-03.

Achleitner, Ann-Kristin/Nathusius, Eva (2004): Venture Valuation: Bewertung von Wachstumsunternehmen: klassische und neue Bewertungsverfahren mit Beispielen und Übungsaufgaben, Stuttgart.

Adams, Michael/Rudolf, Markus (2005): Bewertung von Wachstumsunternehmen, in: Börner, Christoph J./Grichnik, Dietmar: Entrepreneurial Finance, Kompendium der Gründungs- und Wachstumsfinanzierung, Heidelberg, S. 193-212.

Audretsch, David B./Link, Albert N. (2012): Valuing an entrepreneurial enterprise, in: Small Business Economics: An International Journal, Vol. 38, Iss. 2, S. 139-145.

Baetge, Jörg/Krumbholz, Marcus (1991): Überblick über Akquisition und Unternehmensbewertung, in: Baetge, Jörg (Hrsg.): Akquisition und Unternehmensbewertung, Düsseldorf.

Baldeweg, Dirk K. (2006): Bewertung von Unternehmen der New Economy: Einsatz dynamischer Modelle zur Verbesserung der Bewertungsqualität, in: Kahle, Egbert (Hrsg.): Entscheidungs- und Organisationstheorie, Lüneburg.

Ballwieser, Wolfgang (2011): Unternehmensbewertung: Prozeß, Methoden und Probleme, 3. überarbeitete Auflage, Stuttgart.

Bark, Christina (2011): Der Kapitalisierungszinssatz in der Unternehmensbewertung: eine theoretische, praktische und empirische Analyse unter Berücksichtigung möglicher Interdependenzen, Wiesbaden.

Behr, Giorgio/Kind, Alexander (1999): Wie können junge Wachstumsunternehmen beurteilt werden? Screening von Early Stage-Unternehmen: Praxis des Ratings und der Investment-Analyse, in: Der Schweizer Treuhänder 1-2/99, S. 63-70.

Behringer, Stefan (2004): Unternehmensbewertung der Mittel- und Kleinbetriebe, 3. Auflage, Berlin.

Behringer, Stefan (2012): Unternehmensbewertung der Mittel- und Kleinbetriebe, 5. Auflage, Berlin.

Black, Ervin L. (2003): Usefulness of financial statement components in valuation: an examination of start-up and growth firms, in: Venture Capital, Vol. 5, No. 1, S. 47-69.

Black, Fischer/Scholes, Myron (1973): The pricing of options and corporate liabilities, in: The Journal of Political Economy, Vol. 81, No. 3, S. 637-654.

Brösel, Gerrit/Matschke, Manfred J./Olbrich, Michael (2012): Valuation of entrepreneurial businesses, in: International journal of entrepreneurial venturing. Geneve: Inderscience Enterprises, 2012, Heft 3, S. 239-256.

Bucher, Markus/Mondello, Enzo/Marbacher, Samuel (2002): Unternehmensbewertung mit Realoptionen, in: Der Schweizer Treuhänder, Nr. 9, S. 779-786.

Bysikiewicz, Marcus/Zwirner, Christian (2013): Ertragswertverfahren nach IDW S 1, in: Petersen, Karl/Zwirner, Christian/Brösel, Gerrit (Hrsg.): Handbuch Unternehmensbewertung: Funktionen, moderne Verfahren, Branchen, Rechnungslegung, Köln.

Cassar, Gavin (2004): The financing of business start-ups, in: Journal of Business Venturing 19, S. 261–283.

Coenenberg, Adolf G. (1970): Unternehmensbewertung mit Hilfe der Monte-Carlo-Simulation, in: ZfB, 40. Jg., S. 793-804.

Cox, John C./Ross, Stephen A./Rubinstein, Mark (1979): Option pricing: a simplified approach, in: Journal of Financial Economics, Vol. 7, S. 229-263.

Damodaran, Aswath (2010): The Dark Side of Valuation. Valuing Young, Distressed and Complex Businesses, 2. Edition, New Yersey.

Dörschell, Andreas/Franken, Lars/Schulte, Jörn (2009): Der Kapitalisierungszinssatz in der Unternehmensbewertung: praxisgerechte Ableitung unter Verwendung von Kapitalmarktdaten, Düsseldorf.

Drukarczyk, Jochen/Schüler, Andreas (2007): Unternehmensbewertung, 5. Auflage, München.

Drukarczyk, Jochen/Schüler, Andreas (2009): Unternehmensbewertung, 6. Auflage, München.

Eberhart, Jörg (2001): Bewertung von Start-up-Unternehmen. Erwiderung zum Beitrag von Professor Dr. Dr. Ann-Kristin Achleitner, in: Betriebs Berater, Heft 36, S. 1840-1841.

Engel, Roland (2003): Seed-Finanzierung wachstumsorientierter Unternehmensgründungen, Sternenfels.

Festel, Gunter (2010): Bewertung von High-Tech Start-ups durch systematische Anpassung des Betafaktors, in: Corporate Finance biz, Heft 3, S. 175-178.

Festel, Gunter/Boutellier, Roman/Hassan, Ali/Asmussen, Peter (2009): Bewertung von High Tech-Start-ups in frühen Phasen, in: M&A Review 8/9, S. 383-389.

Fischer, Barbara (2004): Grundlagen und ökonomische Charakteristika von Start-up-Unternehmen, in: Finanzierung und Beratung junger Start-up-Unternehmen: betriebswirtschaftliche Analyse aus Gründerperspektive, 1. Auflage, S. 7-42.

Gavious, Ilanit/ Schwartz, Dafna (2008): The valuation implications of sales growth in start-up ventures, in: Journal of Entrepreneurial Finance, Vol. 13, Iss. 2, S. 1-24.

Gebhardt, Günther/Daske, Holger (2005): Kapitalmarktorientierte Bestimmun von risikofreien Zinssätzen für die Unternehmensbewertung, in: Die Wirtschaftsprüfung 12/2005, S. 649-655.

Girkinger, Willibald/Purtscher, Victor (2006): Besonderheiten der Unternehmensbewertung bei technologieorientierten Unternehmensgründungen, in: Controller News, Nr. 4, S. 138-143.

Hachmeister, Dirk/Ruthardt, Frederik (2012): Kapitalmarktorientierte Ermittlung des Kapitalisierungszinssatzes zur Beteiligungsbewertung: Basiszinssatz/Risikozuschlag, in: Zeitschrift für Controlling und Management, S. 180-185/S. 186-191.

Häcker, J./Riffner, S. (2001): New Economy Quo Vadis, in: Der Finanzbetrieb, 3. Jg., S. 345-348.

Hayn, Marc (2003): Bewertung junger Unternehmen, in: Küting/Weber (Hrsg.): Rechnungs- und Prüfungswesen, 3. wesentlich überarbeitete Auflage, Herne/Berlin.

Hayn, Marc (2009): Bewertung junger Unternehmen, in: Peemöller, Volker H. (Hrsg.): Praxishandbuch der Unternehmensbewertung, 4. Auflage, Hamm.

Hendel, Holger (2003): Die Bewertung von Start-up-Unternehmen im Rahmen von Venture-Capital-Finanzierungen: Anwendungsmöglichkeiten der Realoptionstheorie, in: Sigloch, Jochen/Henselmann, Klaus (Hrsg.): Unternehmen und Steuern, Aachen.

Hering, Thomas/Vincenti, Aurelio J. F. (2005): Unternehmensgründung, München 2005.

Hering, Thomas/Olbrich, Michael/Steinrücke, Martin (2006): Valuation of startup internet companies, in: International journal of technology management, S. 406-419.

IDW (Hrsg.), WP Handbuch 2008 - Wirtschaftsprüfung, Rechnungslegung, Beratung, Band 2, 13. Auflage, Düsseldorf.

IDW Standard (2008): Grundsätze ordnungsmäßiger Unternehmensbewertungen, Düsseldorf 2008.

Kiholm Smith, Janet/Smith, Richard L./Bliss, Richard T. (2011): Entrepreneurial finance: strategy, valuation, and deal structure, Stanford California.

Kollmann, Tobias (2004): E-Venture: Grundlagen der Unternehmensgründung in der Net Economy - mit Multimedia-Fallstudie auf CD-ROM, Wiesbaden.

Krings, Ulrich/Diehm, Sven (2001): Unternehmensbewertung in der New Economy, in: Der Schweizer Treuhänder, Nr. 11, S. 1133-1138.

Kruschwitz, Lutz/Löffler, Andreas (2008): Kapitalkosten aus theoretischer und praktischer Perspektive, in: WPg, 17. Jg., S. 803-810.

Lerm, Michael (2013): Bewertung von Start-ups und jungen Unternehmen, in: Petersen, Karl/Zwirner, Christian/Brösel, Gerrit (Hrsg.): Handbuch Unternehmensbewertung: Funktionen, moderne Verfahren, Branchen, Rechnungslegung, Köln.

Moxter, Adolf (1977): Die sieben Todsünden des Unternehmensbewerters, in: Goetzke, Wolfgang/Sieben, Günter (Hrsg.): Moderne Unternehmensbewertung und Grundsätze ihrer ordnungsmäßigen Durchführung, Köln, S. 253-256.

Moxter, Adolf (1983): Grundsätze ordnungsmäßiger Unternehmensbewertung, 2. Auflage, Wiesbaden.

Müller, David (2013): Realoptionsmodelle, in: Petersen, Karl/Zwirner, Christian/Brösel, Gerrit (Hrsg.): Handbuch Unternehmensbewertung: Funktionen, moderne Verfahren, Branchen, Rechnungslegung, Köln.

Myers, Stewart, C. (1977): Determinants of Corporate Borrowings, in: Journal of Financial Economics, Vol. 5, S. 147-175.

Norton, Edgar (1996): Venture capital as an alternative means to allocate capital: An agency-theorie view, in: Entrepreneurship, Theory and Practice, S. 19-29.

Olbrich, Michael/Frey, Niko (2013): Multiplikatorverfahren, in: Petersen, Karl/Zwirner, Christian/Brösel, Gerrit (Hrsg.): Handbuch Unternehmensbewertung: Funktionen, moderne Verfahren, Branchen, Rechnungslegung, Köln.

Peemöller, Volker H. (2009): Anlässe der Unternehmensbewertung, in: Peemöller, Volker H. (Hrsg.): Praxishandbuch der Unternehmensbewertung, 4. Auflage, Hamm.

Peemöller, Volker H./Beckmann, Christoph (2009): Der Realoptionsansatz, in: Peemöller, Volker H. (Hrsg.): Praxishandbuch der Unternehmensbewertung, 4. Auflage, Hamm.

Pritsch, Gunnar (2000): Realoptionen als Controlling-Instrument: das Beispiel pharmazeutischer Forschung und Entwicklung, Wiesbaden.

Rieg, Ulf Bennet (2004): Analyse der Bewertung junger innovativer Unternehmen, Lohmar.

Rudolf, Markus/Witt, Peter (2002): Bewertung von Wachstumsunternehmen: traditionelle und innovative Methoden im Vergleich, Wiesbaden.

Schefczyk, M. (2000): Erfolgsstrategien deutscher Venture Capital-Gesellschaften, Stuttgart.

Schulte, Reinhard (2005): Fremdfinanzierung junger Unternehmen, in: Börner, Christoph J./Grichnik, Dietmar: Entrepreneurial Finance, Kompendium der Gründungs- und Wachstumsfinanzierung, Heidelberg, S. 471-484.

Schumpeter, J. (1912): Theorie der wirtschaftlichen Entwicklung, Leipzig.

Schwall, Benedikt (2001): Die Bewertung junger, innovativer Unternehmen auf Basis des Discounted cash flow, Frankfurt am Main.

Schwetzler, Bernhard (2005): Bewertungsverfahren für Early-Stage-Finanzierungen, in: Börner, Christoph J./Grichnik, Dietmar: Entrepreneurial Finance, Kompendium der Gründungs- und Wachstumsfinanzierung, Heidelberg, S. 155-177.

Seiler, Karl (2004): Unternehmensbewertung: Wertermittlung bei Kauf, Verkauf und Fusion von kleinen und mittleren Unternehmen, Berlin.

Spivey, Michael F./McMillan, Jeffrey J. (2002): Value creation and the entrepreneurial business, in: Journal of Entrepreneurial Finance, Vol. 7, Iss.1, S. 23-36.

Szyperski, Norbert/Nathusius, Klaus (1999): Probleme der Unternehmensgründung, eine betriebswirtschaftliche Analyse unternehmerischer Startbedingungen, 2. Auflage, Lohmar.

Tereza Tykvová (2007): What Do Economists Tell Us About Venture Capital Contracts? in: Journal of Economic Surveys 21, S. 65–89.

Thiel, Dirk (2013): Unternehmensbewertung für Ratingzwecke, in: Petersen, Karl/Zwirner, Christian/Brösel, Gerrit (Hrsg.): Handbuch Unternehmensbewertung: Funktionen, moderne Verfahren, Branchen, Rechnungslegung, Köln.

Titman, Sheridan/Martin, John D. (2008): Valuation: The Art & Science of Corporate Investment Decisions, Boston u.a.

Von Nitzsch, Rüdiger/Rouette, Christian/Stotz, Olaf (2005): Kapitalstrukturent-
scheidungen junger Unternehmen, in: Börner, Christoph J./Grichnik, Dietmar: Entrepreneurial Finance, Kompendium der Gründungs- und Wachstumsfinanzierung, Heidelberg, S. 409-429.

Walter, Gunnar (2003): Bewertung junger innovativer Wachstumsunternehmun-
gen unter besonderer Berücksichtigung der Interessen von Venture Capital-
Gesellschaften: Einzelbewertungs-, Ertragswert-, Discounted Cash-flow-
und Multiplikatorverfahren sowie Realoptionsansatz im Vergleich, in:
Hahn, Dietger/Hungenberg, Harald (Hrsg.): Institut für Unternehmenspla-
nung, Berlin.

Wupperfeld, Udo/Köglmayr, Hans-Georg (2007): Bewertung junger forschungs-
intensiver Technologieunternehmen, in: Wissenschaftsmanagement,
3, Mai/Juni, S. 30-39.

B.   Internetquellen

Gunter, Festel (2012): Bewerten, was erst im Entstehen ist (30.07.2012), unter:
http://www.handelszeitung.ch/iomanagement/bewerten-was-erst-im-
entstehen-ist, abgerufen am 20.06.2013.

Lightning Source UK Ltd.
Milton Keynes UK
UKHW012103110422
401396UK00002B/252

9 783656 585213